DIGA SIM COM CONVICÇÃO

MIGUEL UCHÔA

DIGA SIM COM CONVICÇÃO

O que você precisa saber antes de se casar

Copyright © 2014 por Miguel Uchôa
Publicado por Editora Mundo Cristão

Os textos das referências bíblicas foram extraídos da *Nova Versão Internacional* (NVI), da Bíblica Inc., salvo indicação específica. Eventuais destaques nos textos bíblicos e citações em geral referem-se a grifos do autor.

Todos os direitos reservados e protegidos pela Lei 9.610, de 19/02/1998.

É expressamente proibida a reprodução total ou parcial deste livro, por quaisquer meios (eletrônicos, mecânicos, fotográficos, gravação e outros), sem prévia autorização, por escrito, da editora.

Dados Internacionais de Catalogação na Publicação (CIP)
(Câmara Brasileira do Livro, SP, Brasil)

Uchôa, Miguel

Diga sim com convicção: o que você precisa saber antes de se casar / Miguel Uchôa. — São Paulo: Mundo Cristão, 2014.

1. Aconselhamento conjugal 2. Casais — Relações interpessoais 3. Casamento 4. Casamento — Aspectos religiosos — Cristianismo 5. Conflito conjugal I. Título.

13-12377   CDD-646.78

Índice para catálogo sistemático:
1. Casamento: Orientações: Vida familiar   646.78

Categoria: Relacionamentos

Publicado no Brasil com todos os direitos reservados por:
Editora Mundo Cristão
Rua Antônio Carlos Tacconi, 79, São Paulo, SP, Brasil, CEP 04810-020
Telefone: (11) 2127-4147
www.mundocristao.com.br

1ª edição: abril de 2014
2ª reimpressão: 2016

A Valéria. Sua bravura lhe dá o codinome de mulher guerreira, sua persistência lhe dá a marca de antever a vitória, sua presença me faz desfrutar da intensa companhia de alguém que me ajuda a ver a vida com os olhos da fé e da coragem divina.

A Gabriel. Seu cuidado traduz sua alma, seu carinho traduz seu coração, seu sorriso brilha em meus olhos e me anima a viver cada dia.

A Matheus. Sua ternura lhe faz esse grande garoto amoroso, sua sensibilidade me ensina a ter mais percepção das coisas e sua determinação destoa de tantos que em sua idade nem sequer pensam no dia seguinte.

A Fabiana. Você é a rosa que Deus enxertou no jardim de nossa vida, e a sua singeleza de coração mostra quanto Deus está em você — isso me traz de volta sempre à ideia da simplicidade da vida.

A Lucas. Quatro anos foram suficientes para imaginar o que Deus tinha em mente quando o trouxe até nós. Onde você está tudo é mais belo, o amor é eterno e a presença de Deus uma constante, sem intervalos ou esquecimentos. Você está adiante de nós.

A vocês, minha família, dedico esta obra. Sem vocês não haveria inspiração para seguir.

Sumário

Agradecimentos   9

Apresentação   11

Prefácio   13

Introdução   17

1. Paixão *x* amor   27
2. Gosto se discute ou não?   39
3. Dinheiro é uma questão de foro íntimo?   47
4. "Dize-me com quem andas e te direi quem és" — Você me dirá mesmo?   63
5. Uma boa palmada não mata, não é?   81
6. Mentira tem pernas curtas, mas até onde ela consegue andar?   103
7. Minha fé é algo pessoal. Isso pesa?   113
8. Eu tenho planos, e você?   121
9. Falamos a mesma língua?   131
10. Sexo é bom, e eu gosto, mas até onde posso?   143
11. Deixa assim. Depois do casamento não vai mudar?   167
12. "Até que a morte nos separe." É para valer?   175
13. É possível viver relacionamentos virtuais?   187
14. "Eu prometo!" Prometo mesmo?   197

15. Cultura faz alguma diferença? 205
16. Os meus, os teus... Serão eles os nossos? 215

Conclusão 221
Apêndice — Livros e filmes recomendados 231
Bibliografia 233
Referências bibliográficas 235
Sobre o autor 239

Agradecimentos

Ao Deus Criador e Pai, idealizador da família, maior instrumento de estruturação da sociedade. A Waleska, pela imensa ajuda durante o período em que estas páginas foram escritas. A Andrea Albuquerque, pelo incentivo na forma de sábias palavras, que me motivaram a iniciar este projeto. Ao amigo Claudinei Franzini, pela ajuda na idealização deste livro. A minha amada comunidade da Paróquia Anglicana Espírito Santo (PAES), que, com suas orações e sua presença, tem nos sustentado especialmente naqueles dias em que não enxergamos o mar se abrir.

Apresentação

Chega o dia do casamento. *Glamour*, alegria, emoção, perfumes, cabelos arrumados, vestidos impecáveis, ternos elegantes, salgadinhos, bebida, bolo, festa. A cerimônia de um enlace matrimonial é sempre inesquecível, o sonho de milhões de solteiros, que anseiam por chegar diante do altar e dizer a palavra mágica que selará para sempre aquele matrimônio. O celebrante dá a deixa: "Deseja aceitá-lo como legítimo esposo?". Pronto. Chegou a hora. Emocionado e sorridente, muitas vezes às lágrimas, o nubente responde: "Sim". Está feito. Foram declarados marido e mulher. Estão casados. Mas... e depois?

E depois? Como assim?

Essa é exatamente a questão que o bispo Miguel Uchôa trata nesta obra. Muito além da tão sonhada cerimônia está uma longa e complexa vida a dois, a construção de uma família, uma rotina de desafios, alegrias, tristezas, saúde, doença, filhos, desemprego, contas a pagar, crises, realidade... vida. Em nossos dias, muitos homens e mulheres ingressam nessa etapa inédita de suas trajetórias sem ter estabelecido um diálogo sólido e profundo o suficiente que lhes permita trilhar essa prazerosa, porém pedregosa, estrada chamada *matrimônio* com um passo firme e consciente.

As estatísticas mostram índices de divórcio alarmantes entre cristãos e não cristãos. Os gabinetes pastorais e os consultórios especializados em terapia de casais vivem lotados por pessoas que experimentam a infelicidade na vida a dois. Certamente, ninguém ingressa num relacionamento com o objetivo de fazer parte do grupo dos divorciados ou dos infelizes. Mas, lamentavelmente, isso pode ocorrer, caso tudo não seja feito da forma mais madura e bíblica possível. Nesse sentido, a longa experiência do bispo Uchôa com aconselhamento matrimonial o capacita a mostrar que existem muitas formas de se evitar que a dissolução e a infelicidade entrem no lar daqueles que sonham em construir uma nova família. E tudo começa com a prevenção, a antecipação e a preparação.

A proposta principal do autor é que os noivos devem se conhecer muito bem antes de subir ao altar. Infelizmente, muitas vezes isso não ocorre. Áreas importantes da vida conjugal deixam de ser tratadas nos diálogos dos namorados e noivos. Com isso, novos núcleos familiares são erguidos sobre alicerces frágeis ou com falhas graves em sua estrutura. Jovens se unem num compromisso perpétuo por motivos equivocados ou com sombras sobre áreas fundamentais do relacionamento. Pressão social, medo de "ficar para titia", a vontade de ter filhos a despeito do cônjuge, temor da solidão, má compreensão do que é o matrimônio, expectativas erradas... muitos são os motivos que servem de incentivo para se casar. Mas serão eles os corretos? Como lidar com as expectativas? Como dar esse passo tão importante sem conhecer em profundidade a mente, a alma, os valores e os sonhos daquele a quem você vai chamar de seu?

A leitura deste livro ajudará solteiros, namorados e noivos a caminharem com firmeza rumo ao altar; a dizer *sim* com mais convicção; a ingressar no casamento com mais solidez e preparo; a se casar pelas razões certas, com a maturidade emocional e espiritual tão necessária para deixar pai e mãe, se unir a outra pessoa e se tornar uma só carne até que a morte os separe.

Boa leitura!

Maurício Zágari
Editor

Prefácio

Quando eu era adolescente, no interior do estado do Rio de Janeiro, na década de 1980, as igrejas da minha região infelizmente não davam quase nenhuma orientação direta aos casais de namorados e noivos sobre a preparação para o casamento. Poucas tinham um curso de noivos e, por isso, era muito comum que os jovens, mesmo os evangélicos, iniciassem sua vida relacional de forma prematura e sem orientação. Eu mesmo "fiquei" (no sentido de ter um namoro rápido, sem compromisso com os pais e com a igreja), na época da adolescência, com outras adolescentes da igreja — por pura falta de orientação. Se não fosse a graça de Deus e a minha busca pessoal junto aos pastores, como jovem vocacionado, eu não estaria hoje bem casado e prefaciando este livro. Há bem pouco tempo não havia literatura disponível sobre o assunto, tampouco mentoria bíblica por parte dos pastores. As igrejas não tinham visão e não atentavam para o problema que estava prestes a vir. Essa foi a causa de muitos problemas ocorridos décadas atrás. Hoje, quando retorno a minha região natal e vejo tantos divórcios e problemas relacionais e sexuais, consigo perceber as consequências. Muitos fazem parte de uma geração perdida, pois numerosas igrejas se omitiram e falharam.

Hoje, no século 21, mesmo com a disseminação do secularismo e do hedonismo na sociedade em geral, vejo que nem tudo está perdido. Existe uma reação por parte da Igreja de

Cristo contra essa realidade. Miguel Uchôa e esta obra fazem parte desse mover de Deus. Temos de ajudar a preparar melhor as novas famílias, e Miguel é um homem bem-sucedido nessa área. Muito bem casado com Valéria e pai de dois lindos filhos — todos unidos no ministério —, consegue se comunicar de maneira efetiva com a juventude de nossos dias. Miguel é um vencedor. Acabou de superar uma luta contra o câncer e não se deixou vencer. Agora, ainda mais maduro, esse bispo diocesano de sua denominação apresenta um livro prático, didático, comprometido com a Bíblia e rico em conselhos pessoais, frutos de alguém que trilhou o caminho e venceu.

Sua obra segue uma ordem clara e crescente e se sustenta como um manual, um guia completo para jovens, pais, discipuladores, líderes e pastores. Afirmo: nunca tinha lido nada tão completo, bíblico e prático para nossa juventude como o livro que você tem em mãos. Esta obra levou mais de vinte anos para ser escrita. São décadas de experiências pastorais acumuladas por meio de aconselhamentos, oração, meditação, análises, leituras e experiências de vida. Tudo isso agora ganha formato de livro, unindo os princípios bíblicos com a realidade de um pastor muito bem ajustado em sua família e na sociedade — e que, com uma comunicação verdadeira e transparente, disponibiliza todo esse conhecimento para você.

O presente livro será uma bênção para a comunidade em que sirvo como pastor. Temos imenso cuidado e zelo com a área de casamento e família. Preparamos nossos membros por meio de conversas francas, de um curso de noivos muito criterioso e também do acompanhamento de namorados e noivos, antecedido por oração e mentoria pessoal antes do início do namoro.

Esta é uma obra que precisa ser lida por todos os casais cristãos antes de dizer *sim* no altar. Tenho certeza de que, depois de ler este livro, você, assim como eu, seguramente o recomendará.

CARLITO PAES
Pastor sênior da Primeira Igreja Batista em São José dos Campos (SP), fundador do Ministério Propósitos Brasil e da Rede Inspire de Igrejas, palestrante sobre liderança e escritor.

Introdução

Seja um rei ou um camponês, feliz é quem encontra a paz em seu lar.
Goethe

Eu disse *sim* com convicção há um bom tempo, e não me arrependi. Sou casado com Valéria desde 31 de outubro de 1987, e temos dois filhos: Gabriel, nascido em 1988, e Matheus, de 1995. Tivemos também o Lucas, que, aos 4 anos, foi chamado à presença plena de Deus. Valéria e eu nos casamos após quase cinco anos de namoro e convívio intenso. Não éramos o que se pode chamar de jovens imaturos. Eu tinha 29 anos e havia morado e trabalhado no exterior, tinha me formado em engenharia de pesca e estava concluindo o curso de teologia. Fazíamos parte da Igreja Anglicana da Trindade, no Recife (PE), onde eu trabalhava. Valéria era bastante ativa, trabalhava e tinha uma boa bagagem de experiências na vida. Na época em que nos conhecemos, ela era recém-convertida à fé cristã.

Como pastor, trabalhei com a juventude alguns anos. E não foi a distância: eu me envolvi de perto, caminhei com jovens, acompanhei seus dilemas — e um dos mais profundos estava na área dos relacionamentos. Hoje, sou pastor de uma comunidade chamada Paróquia Anglicana Espírito Santo (PAES) e, em 2012, fui eleito e sagrado bispo da Diocese de Recife. Entre as minhas tarefas, estão o aconselhamento e a preparação pré-matrimonial. Tenho acompanhado centenas de casais de noivos, além de tantos outros já casados, que também se aproximam em busca de ajuda para seus dilemas.

Ao lidar com os dramas de tantos casais, ocorreu-me que tudo entre eles poderia ter tomado outro rumo se tivesse havido a oportunidade de um acompanhamento, de ajuda e aconselhamento que pudessem prepará-los para a vida a dois. Mas, como frutos desse despreparo, vieram decisões precipitadas, comportamentos indevidos, atitudes comprometedoras que dificultam a condução de uma vida conjugal saudável. São muitos os casais com os quais tenho lidado em meu dia a dia de conselheiro e que me levam a pensar que eu daria tudo para ter tido a oportunidade de passar alguns momentos com eles, em conversas e direcionamentos. Meu coração se entristece por conta disso!

Por outro lado, percebo também o desinteresse de muitos casais em se submeterem a sessões de preparação matrimonial. Eles presumem conhecer o que significa se casar, muitas vezes sem nem sequer ter tido a oportunidade de participar de seminários, retiros e cursos na área. O interessante é que essas mesmas pessoas provavelmente se inscreverão para treinamentos e cursos em sua área de capacitação profissional, mas, quando se trata de seus relacionamentos, presumem saber o suficiente. Lembro-me de um casal que participava de um curso para casais a quem perguntei:

— Vocês estão gostando?

— É bom — respondeu a esposa — mas no nosso caso não foi muito necessário.

Pouco tempo depois, vi explodir uma crise naquele casal, que já se estende há anos, sem uma solução aparente.

Se a família adoece, a sociedade desfalece. A família, como instituição divina e social, é a fonte geradora de todos os valores humanos. Ela é "o manancial da humanidade do qual brotam as melhores energias criadoras do tecido social", como disse o papa João Paulo II, por ocasião do Ano Internacional da Família, em 1994.[1] A Organização das Nações Unidas (ONU) proclamou que a família é "o núcleo natural e fundamental da sociedade".[2] Dom Rafael Llano Cifuentes, bispo emérito de Nova Friburgo (RJ), associou a crise social ao colapso familiar. Ele disse que essa "célula básica" da sociedade "está doente". A solução que ele apresentou, apesar de proposta em 1995, ainda é apropriada hoje: "É preciso [...] que a família recupere a sua plena vitalidade, o seu sentido mais genuíno, aquela primordial grandeza que a Vontade Criadora plasmou na sua própria essência".[3]

Na realidade, é por acreditar nessa "vitalidade" e "primordial grandeza" dessa instituição divina que sou um entusiasta das possibilidades da família como agente de transformação. Os valores humanos gerados no núcleo familiar farão toda a diferença no comportamento e nas atitudes dos filhos, que são parte da sociedade e seus futuros líderes. Acredito, portanto, que famílias estruturadas se formam a partir de casamentos conscientes de seu papel e que sejam baseados em relacionamentos mais amadurecidos, que vislumbrem um projeto de vida, e não apenas estejam focados no sonho adolescente de uma cerimônia especial, uma reunião de amigos e um vestido branco.

Cheguei a essa conclusão após avaliar minha experiência como pastor e conselheiro em quase duas décadas de ministério, mas também pesquisei, entrevistei pessoas, consultei colegas e fiz uma vasta busca na internet, esse fantástico recurso de pesquisa e fonte de informação. Tive acesso a muitas pesquisas e reportagens sobre o assunto — em revistas, jornais, *blogs* e *sites*. Busquei também a opinião de não cristãos e cristãos de diferentes denominações. Por fim, usei a Bíblia como base para dirimir questões mais polêmicas. Isso não significa que você, leitor, terá de concordar com o que assumo segundo as Escrituras. Mas, se este material for útil para o diálogo, meu objetivo terá sido alcançado.

Minha crença de que a família é a origem dos destinos de qualquer sociedade humana me leva a, com o maior esmero possível, ajudar todos os que estiverem em preparação para uma futura vida matrimonial a não perpetuar comportamentos que justifiquem o que se chama Paradoxo de Abilene.

Paradoxo de Abilene

A falta de comunicação sincera é um dos muitos problemas que encontramos nos relacionamentos humanos. Como diz Martin Buber, filósofo que trabalhou muito a relação da comunicação, "toda a verdadeira vida é encontro".[4] Isso se dá em todos os níveis de relacionamento, desde os extremamente pessoais — como os casamentos — até os desenvolvidos em grupos e organizações.

Tudo começa nos recantos mais escondidos da emoção humana, onde o medo do isolamento ou da censura leva indivíduos e até mesmo grupos a dizerem *sim* em vez de *não*, amargando decisões tomadas de maneira inadequada. Jerry B. Harvey, especialista em dinâmica de grupos, também especializado em gestão organizacional e professor da Universidade George Washington, chama isso de "acordo mal gerido" — um cenário para o desastre organizacional. Ele mesmo enunciou o que se chama Paradoxo de Abilene, com base em uma experiência pessoal.

> Numa tarde quente, em visita a Coleman, no Texas (EUA), a família está confortavelmente jogando dominó na varanda da casa, quando o sogro sugere um passeio a Abilene, que fica a

85 quilômetros, para jantar. Todos ficam calados, em dúvida, mas, enfim, a esposa diz: "Parece uma boa ideia". O marido, apesar de ter algumas reservas quanto ao calor e a distância, pergunta se o ar-condicionado do carro está funcionando. Por fim, concorda, mesmo sem estar muito satisfeito. Entretanto, imagina que sua opinião pode estar em desacordo com o grupo e diz: "Por mim, tudo bem. Apenas espero que sua mãe queira ir". A sogra diz: "Claro que quero ir. Há muito tempo que não vou a Abilene". A viagem é longa, empoeirada e quente. Quando chegam à cafeteria, a comida é tão ruim como a viagem. Eles chegam de volta em casa quatro horas depois, exaustos e insatisfeitos. Um deles fala com certo desdém: "Foi uma bela viagem, não foi?". A sogra diz que, na verdade, preferia ter ficado em casa, mas concordou em ir, já que os outros três estavam tão entusiasmados. O marido diz: "Não me agradou fazer isso. Só fui para agradar vocês". Os demais dizem coisas semelhantes, sempre se excluindo daquela triste decisão. Ninguém assumiu o que, de fato, desejava. Todos omitiram sentimentos, não foram sinceros e, mais tarde, tentaram se esquivar da empreitada malsucedida.[5]

Pensando nisso, fiz a associação com os riscos de um casamento mal discutido e mal resolvido. Um daqueles relacionamentos que começam e se estendem em uma penumbra e nos quais as verdadeiras aspirações raramente vêm à tona. Isso se inicia no namoro e prossegue durante o casamento. O casal se acostuma com a situação e, por conveniência, vai encobrindo sentimentos. Muitas coisas são ditas, e muitas outras são omitidas. Pouco de verdade é experimentado, e essa família vive o Paradoxo de Abilene.

Eis um exemplo bem concreto que atesta a veracidade desse paradoxo: uma jovem vai entregar o convite de casamento ao chefe. Ele o recebe com alegria e a parabeniza.

Surpreso, percebe que ela está triste e lhe pergunta o que houve. Cabisbaixa, a moça responde que, na realidade, não queria se casar, mas está fazendo isso pelo noivo, que deseja muito o casamento. O chefe vai ao noivo e o felicita pelo casório. Sem mostrar alegria, o noivo lhe diz: "Na verdade, estou me casando por causa da minha noiva. No fundo, já não a amo mais, mas tem a família... e, como tudo está pronto, achei melhor manter o casamento".

O Paradoxo de Abilene atesta que a ausência de comunicação verdadeira e transparente pode transformar relacionamentos em desastres. Portanto, antes de dizer *sim* — e para dizê-lo com convicção — é preciso ter certeza de que o casal não está enroscado nessa situação.

O desafio da pós-modernidade: do compromisso ao descompromisso

Nossa sociedade pós-moderna tem dado ao casamento, em alguns casos, um *status* que beira a insignificância. As estatísticas mostram que já é uma realidade faz algum tempo a opção de uma parceria diferenciada, um namoro com estado marital ou até mesmo um casamento sem a partilha do lar e dos papéis tradicionais. Conheço pessoas que vivem assim; são boa gente, mas, em minha opinião, perdem a essência do casamento, que é se conhecer, partilhar, fazer o outro crescer e, sobretudo, amar, a despeito do que se tenha de concordar e suportar.

O Instituto Brasileiro de Geografia e Estatística (IBGE), numa pesquisa realizada em 2007, atestou que o número de matrimônios aumentou sensivelmente, mas as separações se multiplicaram em maior proporção. Os divórcios ocorreram em 25% das uniões, o que significa que um em cada quatro casamentos foi desfeito.[6]

As razões para o crescimento das separações não se encontram em apenas um motivo específico. Há, na verdade, um apanhado de situações e facilidades, como a mudança de comportamento da sociedade e a criação da Lei 11.441, de 4/1/2007 — responsável por desburocratizar os procedimentos de separações e de divórcios consensuais, o que permitiu aos cônjuges realizar a dissolução do casamento por meio de escritura pública, em qualquer tabelionato do país.

Merece atenção especial o item "mudança de comportamento", que tem relação direta com a pós-modernidade. Essa tendência atual expressa a relativização de elementos como opiniões, crenças e princípios. Com isso, surge a inversão: do compromisso para o descompromisso. Por exemplo, era comum a crença de que cada pessoa teria uma "alma gêmea" e que, em algum momento, se uniria a ela definitivamente, o que implica compromisso. Essa ideia, que já foi praticamente um conceito, caiu por terra.

No interessante livro *Vida líquida*,[7] Zygmunt Bauman define a pós-modernidade como maleável a tudo e onde tudo se encaixa. Estamos vivendo um tempo assim. Nesse contexto, os relacionamentos e o casamento vêm sofrendo grandes transformações. Poderíamos dizer que também se tornaram "líquidos" de alguma forma, moldando-se às mais variadas "ranhuras" — que representam as diversas variáveis de pensamento destes tempos pós-modernos.

A relativização na pós-modernidade tem a ver com o pluralismo, outra característica deste momento que nada impõe, pois todas as visões de mundo vêm a ser supostamente verdadeiras, dependendo apenas da perspectiva pela qual se observe. Aos olhos da sociedade atual, a formalidade de um casamento para se constituir família já não é necessária. As relações estão mais individualizadas, o que alguns consideram uma tendência do "ser egoísta", porque buscam o bem-estar de indivíduos em detrimento do bem comum.

Por outro lado, o casamento, ao longo da história, sempre teve uma conotação religiosa e espiritual. As uniões foram celebradas com diferentes ritos em diferentes crenças. Em todos esses casos, a instituição do casamento tem sido considerada algo a ser preservado, mas perde força porque, na pós-modernidade, a importância da intuição cresce.

Convicção *versus* precipitação e superficialidade

Em meio a todas essas expectativas, dúvidas e aos relativismos, encontra-se o casamento, que é um tratado, um pacto para toda a vida e para todos os momentos da existência. Evoluímos de um modelo de casamento judaico-cristão, que consistia na união de dois jovens — previamente acertada pelos pais, tratada com seus dotes, praticamente sem o conhecimento mútuo dos nubentes —, e chegamos, talvez, a outro extremo, em que duas pessoas, de maneira precipitada, decidem se unir, reúnem suas coisas e passam a morar juntas.

Este livro é o resultado de uma inquietação pessoal, surgida depois de eu acompanhar centenas de casais no programa de preparação matrimonial na igreja em que pastoreio e de minha surpresa no dia a dia, ao me deparar com jovens casais que decidiram se casar, mesmo mostrando uma impressionante superficialidade no conhecimento um do outro.

Assim, espero estar contribuindo para que, quando chegarem diante do altar, os casais tenham a convicção de que estão tomando a decisão certa, de que não estão agindo de forma precipitada e banalizando essa instituição divina. Também espero, com a ajuda de Deus, que possam desfrutar das belezas de uma vida partilhada em família, com o equilíbrio suficiente para servir de suporte para a sociedade.

Vamos trabalhar diferentes pontos, divididos em dezesseis capítulos. Cada um tratará de uma área que entendemos ser importante para o conhecimento do futuro casal. Falaremos de amor, gostos pessoais, dinheiro, mentira, fé, visão de futuro, sexo, expectativas, relacionamentos e partilha, entre outros assuntos. Tudo isso foi preparado para ajudar os que pretendem se casar a estar em paz diante do altar, a dizer *sim* com convicção e a vivenciar essa paz ao longo de seu matrimônio.

1

Paixão x amor
Qual é a diferença?

Quando a paixão entra pela porta principal, a sensatez foge pela porta dos fundos.

Thomas Fuller

Uma observação mais cuidadosa me levou a perceber que casais têm se comprometido por meio do casamento, fazendo promessas de vida comum "até que a morte os separe", mas em pouco tempo entram em crise. De onde vem essa crise entre duas pessoas que poucos meses antes trocavam olhares apaixonados no altar de uma igreja? Não serei reducionista a ponto de indicar apenas uma causa, mas asseguro que uma parcela grande desses casos tem a ver com o desconhecimento do universo do outro. Antes de dizer *sim* e assumir o compromisso por meio do matrimônio, esses casais precisariam se conhecer melhor, planejar a vida em par, observar nuanças que mais tarde poderão se transformar em grandes obstáculos a uma vida a dois.

Amor platônico e amor genuíno

Talvez você conheça a expressão "amor platônico". Segundo a Wikipédia, essa expressão foi usada pela primeira vez pelo filósofo neoplatônico Marsílio Ficino, de Florença, antiga cidade da Etrúria, na Itália, como sinônimo de "amor socrático". Ambas as expressões significariam um amor centrado na beleza do caráter e na inteligência de uma pessoa, em vez de em seus atributos físicos. A expressão ganhou nova acepção com a publicação da obra *Platonic Lovers* [Amantes platônicos], de 1636, do poeta inglês *sir* William Davenant, que fala do amor como a raiz de todas as virtudes e da verdade, com base na obra *O banquete*, de Platão. Esse tipo de amor passou a ser entendido como um amor a distância, que não se aproxima, não toca, não envolve. Reveste-se de fantasias e de idealização. O objeto do amor é o ser perfeito, detentor de todas as boas qualidades e sem mácula. Parece que esse amor se distancia da realidade e, como foge do real, mistura-se com o mundo do sonho e da fantasia. Ocorre de maneira frequente na adolescência e em adultos jovens, principalmente nos indivíduos mais tímidos, introvertidos, que sentem uma maior dificuldade de aproximar-se da pessoa amada — por insegurança, imaturidade ou inibição do ponto de vista emocional.[1]

Ocorre-me que amar o desconhecido é um tipo de amor platônico, que ama o que é aparente, que não se toca, não se envolve e se mistura com o mundo da fantasia. Em rigor, como posso amar o que não conheço? Ora, se não conheço, não posso encontrar as verdadeiras razões para amar. Assisti a um programa em que um cantor, ainda adolescente, arrancava gritos de uma plateia mista de adolescentes, jovens e até alguns adultos, em um fenômeno histérico delirante. Essas fãs diziam, em lágrimas incontidas, na presença do ídolo: "Eu te amo, e estarei sempre ao teu lado, como estou agora". Amar o desconhecido não pode ser considerado amor genuíno, mas se aproxima mais de uma paixão platônica.

Uma das expressões de amor mais conhecidas foi escrita pelo apóstolo Paulo. Para ele, esta é a maneira de definir o verdadeiro amor:

Ainda que eu fale as línguas dos homens e dos anjos, se não tiver amor, serei como o sino que ressoa ou como o prato que retine. Ainda que eu tenha o dom de profecia e saiba todos os mistérios e todo o conhecimento, e tenha uma fé capaz de mover montanhas, se não tiver amor, nada serei. Ainda que eu dê aos pobres tudo o que possuo e entregue o meu corpo para ser queimado, se não tiver amor, nada disso me valerá.

O amor é paciente, o amor é bondoso. Não inveja, não se vangloria, não se orgulha. Não maltrata, não procura seus interesses, não se ira facilmente, não guarda rancor. O amor não se alegra com a injustiça, mas se alegra com a verdade. Tudo sofre, tudo crê, tudo espera, tudo suporta.

O amor nunca perece; mas as profecias desaparecerão, as línguas cessarão, o conhecimento passará. Pois em parte conhecemos e em parte profetizamos; quando, porém, vier o que é perfeito, o que é imperfeito desaparecerá. Quando eu era menino, falava como menino, pensava como menino e raciocinava como menino. Quando me tornei homem, deixei para trás as coisas de menino. Agora, pois, vemos apenas um reflexo obscuro, como em espelho; mas, então, veremos face a face. Agora conheço em parte; então, conhecerei plenamente, da mesma forma como sou plenamente conhecido.

Assim, permanecem agora estes três: a fé, a esperança e o amor. O maior deles, porém, é o amor.

1Coríntios 13.1-13

Posso imaginar, e assim também pensei em minha primeira aproximação desse incrível texto, que você o entenda como algo utópico e inalcançável. Mais tarde compreendi que essa é a maneira perfeita de se amar e que eu, com minhas imensas limitações, jamais seria capaz de reproduzir esse amor perfeito. No entanto, cito essa definição por entender que estamos, sim, distantes da perfeição, mas vivemos sempre em sua busca

(Fp 3.12-16). Isso ao mesmo tempo em que compreendemos seus limites com maturidade. "Prossigo para o alvo", diz Paulo. E devemos ter justamente este alvo em nossa vida: buscar o amor mais próximo possível da perfeição.

De acordo com os atributos do amor relacionados pelo apóstolo, entende-se que há algo de extremamente prático em amar. Nenhumas das características citadas do amor verdadeiro são subjetivas. Pelo contrário, são atitudes e posturas concretas, que, ao se materializarem em nossa vida, demonstram que o verdadeiro amor se aproxima de nós. James Hunter, autor do *best-seller O monge e o executivo*,[2] alinha-se com esse pensamento quando afirma que "o amor é o que o amor faz". Isso quer dizer que é algo concreto.

Jesus, quando amou os seus discípulos, o fez os conhecendo, sabendo que eles estavam no mundo, sujeitos às paixões e a todo tipo de falha e equívoco. Ainda assim, os amou até o fim. Ele amou Pedro em sua fragilidade temperamental, amou Tomé com sua falta de fé, amou o mundo pecador e deu sua vida por ele. Esse é o verdadeiro amor — o que ama conhecendo, sabendo e estando a par de quem é o objeto amado. "Um pouco antes da festa da Páscoa, sabendo Jesus que havia chegado o tempo em que deixaria este mundo e iria para o Pai, tendo amado os seus que estavam no mundo, amou-os até o fim." (Jo 13.1.)

Fica a pergunta: posso amar o que não conheço? Ora, se chego à conclusão de que quem ama o faz "apesar de", encerro as possibilidades de amar sem conhecer. Passo a entender que esse tipo de amor deve ter outra definição e se aproxima do tipo platônico em sua definição mais tardia, quando o ser amado é perfeito, detentor de todas as boas qualidades e sem mácula. Segundo a definição analisada, esse comportamento tem um toque "adolescente".

Observo em muitos relacionamentos que o desconhecimento do objeto do amor é uma marca forte. O que me leva a definir esse comportamento como mais próximo da paixão do que do verdadeiro e sincero amor. Não seria um equívoco dizer que muitos dos jovens que entram no casamento hoje desenvolvem esse tipo de sentimento. Isso não significa que essa paixão não possa evoluir para o amor verdadeiro, mas precisará de tempo, exposição, verdade e transparência — o que nem sempre ocorre nos namoros. Com isso, o emergir de um verdadeiro e sincero amor é prejudicado.

Amor x paixão

Ricardo e Patrícia (nomes fictícios) se conhecem em um encontro de amigos comuns. Entreolham-se por algum tempo. O brilho chega aos olhos de ambos, e a química da paixão começa a funcionar. Aspectos físicos chamam a atenção. Mais tarde, um namoro se inicia. Com o passar do tempo, e por diferentes motivos, a paixão cede no coração de Ricardo, mas, curiosamente, cresce no de Patrícia. Por isso, ele já não prioriza tanto a relação. Patrícia, por sua vez, insiste, o procura, chega a dramatizar e chora. Essa relação, que há pouco tempo parecia algo harmonioso, fica atolada no lamaçal da paixão e passa longe da espontaneidade do amor. Mas o que houve? Ricardo inicialmente estava feliz e partilhava com Patrícia de seus sentimentos. A "química", afinal de contas, funcionava. Mas o tempo, associado ao convívio, trouxe à tona cada nuança do comportamento de Patrícia, o que levou Ricardo a perder o "encanto". Ele não desgosta dela. Até se agrada de alguns momentos de que ambos desfrutam, mas não surgiu lastro para sustentar o amor de fato, e, por isso, Ricardo tende a não levar adiante o relacionamento, ou, quem sabe, levá-lo, mas sem a seriedade que Patrícia deseja e espera dele.

Ela vê essa relação como a oportunidade de construir uma família. Sua postura será de tentar de todas as maneiras manter o relacionamento. Por conta disso, passa a fazer todos os tipos de concessão. Ela é uma cristã, mas já não insiste em estar na igreja aos domingos, porque Ricardo, mesmo dizendo não se opor, não quer ficar enfiado na igreja. Patrícia, que fazia parte do ministério de música, já não encontra tempo para os ensaios, porque prefere estar com Ricardo — pois ele demanda dela alguma atenção. Neste ponto, começam as concessões de valores, e a coisa se aprofunda. As verdades, antes defendidas por Patrícia com tanta convicção, já não têm a mesma força, pois, para agradar Ricardo, tudo passa a ser relativo, e seus absolutos vão se perdendo. Para Ricardo, fruto da pós-modernidade, tudo é relativo e ele crê que não há nada de mais em muitas coisas. Para Patrícia, que já se acostumou a ceder, tudo vai mudando...

O relacionamento torna-se desequilibrado. De um lado, Patrícia insiste, gruda, cede e se sacrifica para estar junto a Ricardo. Do outro, Ricardo se desinteressa, e a paixão vai aquiescendo. O casal encerra o relacionamento, mas, a essa altura, a paixão (que é cega) já esfacelou a escala de valores de Patrícia, que está afastada da igreja, defende posturas invertidas e encontra-se infeliz e decepcionada com a vida. Só que a vida simplesmente a pôs diante de uma paixão que demandou escolhas. As opções foram feitas e a levaram a uma direção.

Por definição, amor é um sentimento ligado a afeição, a desejo de promover o bem do outro. Biblicamente, vimos em 1Coríntios 13 que o amor tudo suporta pelo objeto amado. A paixão, por usa vez, é algo como um movimento impetuoso da alma para o bem ou para o mal. Relaciona-se muito mais com atração do que com outros tipos de comportamento.

Nos relacionamentos amorosos, isso se identifica pelo comportamento dos pares. Muitas vezes há um desencontro de ideias e planos: um lado deseja ardentemente a presença do outro, enquanto o parceiro se afasta ou não entra em sintonia com o que o outro sente. É nesse momento que se começa a perceber se a relação tem bases no amor espontâneo e verdadeiro ou está restrita aos encantos da paixão.

Nessa fase o limite entre paixão e amor vai fazer uma grande diferença. A paixão faz concessões em praticamente todas as circunstâncias e áreas da vida. Jovens apaixonados farão de tudo para preservar esse relacionamento, a ponto de abrir mão de valores e crenças desde que o elo seja mantido.

A psicóloga clínica Juliana Amaral, em artigo publicado na internet, expõe desta forma:

> Um casal se conhece e inicia uma intensa paixão. A princípio, os objetivos costumam ser os mesmos, pois envolve muito mais o irracional de cada um do que clareza e objetivos da vida a dois. Dentro de algum tempo a paixão, ainda que continue, sofre alguma redução e abre-se espaço para cada um poder mostrar mais sua subjetividade, sua personalidade, assim como o que sonham e desejam juntos, ou não. Vimos em muitos casos que é a partir desse ponto que casais começam a sofrer desencontros e frustrações. Para um, basta o jeito que está, ou começa a mostrar que pensa e age diferente quando se está junto de alguém; para o outro, não basta e deseja mais de um relacionamento do que o que possuem naquele ponto. Algumas vezes o desencontro será iminente, ou seja, anunciado desde o início, outras vezes acontecerá mais lentamente. Nos dois casos o sofrimento e a decepção podem ser igualmente grandes, uma vez que na paixão não se

espera que o outro possa ser, pensar, agir e sentir de forma diferente. Quando o ser humano está apaixonado, dois viram um.[3]

A frase final — "Quando o ser humano está apaixonado, dois viram um" — poderia ser escrita assim: "Quando o ser humano está apaixonado, dois pensam que são um, mas não são". Na realidade, o casal vai se formar como tal quando, juntos, superarem suas diferenças e seus desencontros, desenvolvendo respeito e alimentando-se pelo desejo de estar juntos. Nessa direção, as diferenças se ajustam, e as bases de uma relação de amor são fincadas, distanciando-se do sentimento passional. Caso contrário, a paixão prevalece, o irracional cresce e a sujeição demasiada de uma das partes permanece, com o objetivo de manter o relacionamento.

Não existe uma maneira de afirmar que o amor em um relacionamento se divide em percentuais iguais facilmente contabilizados. Isso seria ingenuidade. Em contrapartida, ninguém pode negar a necessidade de equilíbrio no amor, nas atitudes e no comportamento, alternando-se entre as duas partes, no qual, em diferentes momentos, um leva e o outro se deixa levar. Essa é a dança do amor, que difere bastante da dança da paixão, em que um tentará fazer de tudo e abrirá todo tipo de concessão para que a relação permaneça.

Percebo que boa parte dos relacionamentos com os quais tenho lidado em minha experiência nos preparatórios para casamento tem seu ponto de partida envolto em uma confusão entre paixão e amor. Percebo isso não de maneira empírica, subjetiva, mas atento em cada resposta que recebo e no desenvolvimento das conversas.

A paixão foi bem expressa pelo compositor Ivan Lins. Observe a letra desta canção e perceba que a poesia do autor retrata as nuanças da paixão e a diferencia do amor. Ele mostra a paixão com seus extremos, movida pelos ímpetos e apresentada como algo quase indomável.

Paixão
Estopim aceso
Ai, meu Deus, que medo
Dele se apagar

Paixão
Minha adrenalina
Arde na retina
Quase a me cegar

Paixão
Faca de dois gumes
Preso por ciúmes
Ou livre pra voar

Paixão
Vale até mentira
Mas ninguém me tira
Meu enfeitiçar

Paixão
Indomável coração
Razão
Por que canto esta canção

Paixão
Ela é nossa saga
Leva e nos afoga
Salva e nos afaga
Nunca vai mudar

Paixão
À primeira vista

Sentimento à risca
Morre pra viver

Paixão
É minha tortura
É loucura e cura
Minha Guerra e Paz

Paixão
Meu certo e errado
Seguem bem casados
Parecem iguais

Paixão
Indomável coração
Razão por que canto
Esta canção

Paixão
Ela é nossa saga
Leva e nos afoga
Salva e nos afaga
Nunca vai mudar[4]

Algumas diferenças entre amor e paixão

A paixão estará sempre ligada ao exterior, ao que chama a atenção, enquanto o amor estará sempre atraído pelo interior, pelo caráter, pelo que a presença do outro traz de satisfação e faz enfrentar as adversidades. Em outras palavras, o amor ama pelo que o outro é, e não pelo que ele possui, em todos os sentidos.

Não sou descrente do que se chama de amor à primeira vista, mas creio que isso acontece com muita raridade. Na maioria esmagadora das vezes, a paixão se encarrega de encantar no primeiro contato. Esse sentimento pode evoluir para o verdadeiro amor, mas, quando estanca na paixão, ele é marcado pela superficialidade. Enquanto isso, o amor requer maior conhecimento, e isso significa que ele cresce com o tempo, amadurece no dia a dia. Isso leva ao "amar apesar de" — amar sabendo a quem se ama.

A paixão tem a marca da instabilidade. Seu humor sofre variações, às vezes incompreensíveis, enquanto o amor se mostra estável e seus interesses são constantes, firmes e, acima de tudo, sinceros.

A paixão toma conta da pessoa a ponto de inverter suas prioridades. Ela produz uma dedicação cega e, às vezes, insana. Leva o indivíduo a viver fora da realidade. Você já deve ter visto ou convivido com alguém apaixonado por uma pessoa que sabidamente não é confiável, mas ele insiste, não enxerga, e não ouve a família que só quer o seu bem. O amor, em contrapartida, mantém o equilíbrio. Os valores seguem na hierarquia correta. Deus está em primeiro lugar, mas a família nunca é desprezada. O amor, como vimos em 1Coríntios 13, não é egoísta, "não procura seus interesses".

O amor é "ensinável": ele escuta, se interessa em crescer pelo exemplo e pela experiência de outros. Quem ama, por conta de se manter em equilíbrio, ouve. Já a paixão não quer escutar ninguém. Além de cega, ela é surda. Naturalmente, existem muitas outras diferenças entre paixão e amor. Essas são apenas algumas que despertam mais atenção.

Meu conselho

Estejam atentos a uma paixão indomável que prevalece sobre a sinceridade do amor. É importante saber que existe um limiar muito tênue entre paixão e amor, e que, em alguns casos, somente será possível percebê-lo após se estar envolvido nas tempestades da paixão e suas neuroses.

Por outro lado, é importante saber que todo amor terá sempre um pouco da paixão, mas sem o lado negativo. O amor possui uma paixão limpa e verdadeira, daí a expressão "apaixonado". A paixão é aquele tempero da relação, aquilo que apimenta o amor, que mantém o desejo de estar junto sempre, que alimenta a admiração, que permite o coração se incendiar sem perder a razão e o equilíbrio. Essa é a medida da paixão que existe dentro dos limites do amor. Portanto, sugiro que prestem atenção e percebam o que há de paixão dentro do amor de vocês. Não se deixem dominar por ela e não permitam que ela se extinga por completo.

2

Gosto se discute ou não?
Do que meu futuro cônjuge gosta?

> *Os desejos devem obedecer à razão.*
> Cícero

Quem acredita que "gosto não se discute" ainda não se envolveu em um relacionamento mais aprofundado com alguém do sexo oposto, ou seja, ainda não namorou pra valer ou ficou noivo. Se estiver casado já tem a certeza de que essa afirmação de fato é uma falácia. Segundo Eduardo Tasca, colunista do jornal *Vanguarda*,[1] essa expressão se sacramentou para que sejam evitados conflitos ideológicos, pois, assim, qualquer assunto pode ser encerrado na hora. Mas como podemos educar sem comparar? Faz parte da natureza humana ampliar os conhecimentos e desbravar novos horizontes. Logo, estamos em meio a um debate onde gosto se discute sim.

Não se pode ver o gosto como uma preferência arbitrária e autoritária de nossa subjetividade, pois, quando se decide por uma preferência, pode-se estar gerando um bloqueio, uma clausura cultural. Agindo assim, elimina-se a possibilidade do aprendizado, da melhoria, da educação e da sensibilidade.

Sou casado há mais de vinte anos, com quase cinco de namoro. É muito tempo de convívio. Nos primeiros anos de relacionamento, a frase "gosto não se discute" já estava fora de uso para mim. Minha esposa — então namorada — vinha de uma realidade bem diferente da minha em diferentes aspectos. Tínhamos razoáveis diferenças, e nossos gostos eram e continuam sendo bastante diferentes em algumas áreas.

Valéria gosta de muita agitação e atividade — estar parada para ela é entediante. Nas nossas férias em família, que geralmente passamos em uma praia, gosto de aproveitar o tempo, acordo cedo e, como faço surfe, já estou dentro d'água ao nascer do sol. Depois de muito exercício e prática, chego em casa ou no hotel, cansado, para tomar café às 10 horas, momento em que ela acorda. Após o café, Valéria está totalmente agitada e cheia de energia, enquanto eu quero ficar parado na varanda para ler um pouco, relaxar. Mas logo escuto: "Meu filho, nós viemos aqui para ficar numa varanda lendo? Levanta, vamos para a praia!".

Eu sou mais contemplativo, ela é mais ativa. Eu gosto de filmes e livros que forcem minha mente a trazer algo para minha vida, ela gosta de histórias divertidas e leves e diz que já faz muito esforço no dia a dia. Não será surpresa se você nos encontrar no cinema, pois fazemos isso com certa frequência. Mas não se surpreenda se um de nós estiver tirando uns cochilos. Nossos gostos musicais são bem diferentes, e, quanto à decoração de nossa casa, mesmo sendo essa a área profissional dela, foi preciso que chegássemos a um acordo, pois ela gosta de algo espartano e frio, e eu amo um ambiente aconchegante e que seja confortável.

Isso tudo envolve a maneira de ser e a personalidade de cada um. Nesse quesito nós também somos diferentes. Sou mais introvertido, e ela é extremamente extrovertida, a ponto de me interromper em minhas palestras quando o assunto diz respeito a algo que a envolve, seja na igreja, seja em seminários — e faz isso com humor e sem criar problemas.

Não há nenhuma possibilidade de desenvolvermos um relacionamento que seja saudável sem a compreensão de que somos diferentes e, logo, temos gostos diferentes. O Criador não nos fez em série, cada um de nós é singular, e isso inclui nossas preferências. Já cansei de escutar e refutar a ideia de que, para ser felizes, precisamos estar com alguém que necessariamente se assemelhe a nós ou goste daquilo de que gostamos.

O importante é que, durante o período de namoro, o casal se conheça e que esse conhecimento leve-o a identificar seus gostos, a ponto de que as diferenças sejam plenamente compreendidas e aceitas sem dificuldades. Muitos jovens têm entrado no casamento com um conhecimento superficial acerca dos gostos de seu futuro cônjuge. Isso se dá por diferentes razões, mas, em muito, por um período de namoro superficial, sem planos e cheio de sonhos supérfluos. Junto a isso podemos dizer que muitos dos pares fazem concessões nessa área, crendo que, no decorrer do casamento, irão conseguir promover mudanças um no outro. Novamente estamos diante de um engano: a vida e o convívio intenso do dia a dia de um casamento, além de todas as suas demandas, tendem a levar as partes a um isolamento em suas preferências. O que nunca foi discutido ou planejado vem à tona como fator desagregador.

Lembro-me de um casal cujo relacionamento se fragmentou pela preferência de cada um por um clube de futebol diferente. O fato sugere certo grau de insanidade, mas acredite: já vi e ouvi queixas de esposas de que o marido tinha dito: "Me peça tudo, mas nada está acima de meu clube". Isso incluía horários de jogos e prioridades.

É natural que existam preferências diferenciadas entre as pessoas, mesmo entre um casal. Cada um tem uma história de vida que determinou seus gostos, e não é porque duas pessoas se encontraram agora e passaram a gostar uma da outra que as preferências devam coincidir. Além disso, existem as diferenças inerentes ao fato de serem homem e mulher. Esse fator, por si, já leva a um diferencial. Na realidade, dentro de um relacionamento que se pretende avançar, haverá sempre a necessidade de cada parte ceder e aprender a gostar um pouco do que o outro gosta. Assim, o entendimento se tornará mais fácil.

Não é difícil entender que a variedade de gostos deve fazer parte da vida de um casal, se levarmos em consideração que outros fatores influenciam as nossas preferências. Isso vai desde nosso pano de fundo familiar até as questões culturais, sociais e mesmo econômicas. Gostos não são simplesmente opções aleatórias, mas fazem parte de nossa história de vida. Por isso, na trajetória de um casal se faz necessária uma maior compreensão dos gostos do outro. Quando isso ocorre, significa mais do que conhecer preferências e pode traduzir um espírito mais compreensivo, tão necessário à vida a dois.

Os gostos podem e devem ser apresentados e discutidos, mas isso significa sempre troca, e não a intenção de prevalecer. O convívio intenso em um relacionamento verdadeiramente amoroso, que chegue ao casamento, seguirá ainda mais intenso — e nesse momento a troca pode ser muito útil. Um pode ter gosto mais apurado para música clássica, e o outro, para a música popular, sem, necessariamente, se julgarem. Isso pode ser útil à relação, pois há momentos em que uma boa descontração vem ao som de uma sinfonia de Bach, ou de baladas de cantores românticos, ou pela poesia de Sérgio Lopes. O que acontece é que há uma troca, e ambos ganham, em vez de um dos dois ter de prevalecer.

Agora, leve isso para preferências que implicam mais que um relaxamento. Leve para outras áreas mais particulares e perceba que, se a intransigência pelo gosto pessoal prevalecer, o entendimento nunca será alcançado.

Conheci a história de um casal em um conflito de preferências, sem a perspectiva de um acordo. O acerto deveria ter como ponto de partida a sensibilidade pela necessidade do outro, uma história que se repete com milhares de famílias. No Brasil, eu arriscaria pensar em milhões. O marido tem o futebol do sábado como "sagrado", e isso significa passar todo o dia fora de casa. Como esse casal não tem filhos, a esposa fica só durante todo aquele dia. Ela frequenta a igreja sempre, ele só eventualmente. Os domingos, que poderiam ser o dia de estarem juntos, ele passa deitado diante da TV, pois, justifica, "amanhã é dia de trabalho". E não pense que estamos diante de um homem e uma mulher que não se amam, que vivem em conflito. Pelo contrário, eles até demonstram ter um relacionamento agradável. Só que esse aspecto específico a está deixando muito triste. Ele, por sua vez, não apresenta sensibilidade para lidar com a situação. São casados há pouco tempo, mas, pela minha experiência, se esse cenário não se modificar em algum momento, surgirão conflitos, pois algo importante não está acontecendo: não há respeito pelos limites. O excelente livro *Limites*, de Henry Cloud e John Townsend,[2] traz alguns excelentes *insights* nessa área.

Se não houver entendimento, o futuro estará comprometido. E isso envolve outra área séria: a educação dos filhos. Quando os gostos são diferentes e as preferências não batem, pode ser necessário mais que um simples acordo, pois o conflito ainda se afunilará quando envolver a maneira de instruir os filhos. Que modelo de educação as crianças receberão caso esse cenário se mantenha? Se for uma menina, ela se tornará uma companheira precoce da mãe em fins de semana solitários. Se for um menino, provavelmente acompanhará o pai em seus sábados esportivos, deixando a mãe em uma solidão ainda maior. Quem não tinha um passará a não ter dois ou mais.

As consequências de um conflito de preferências não resolvido podem ser muito maiores que simplesmente um coração entristecido. É possível que surja desilusão, desesperança e esfriamento da relação, a ponto de alguém desistir e pedir a separação. Se essa afirmação soar como um exagero, lembre-se de que problemas matrimoniais não necessariamente começam com um escândalo. Todo escândalo começa com um olhar, uma escorregadela, um desleixo. E uma desilusão começa pelo sentimento não correspondido, pelo desencanto, que, por sua vez, pode gerar uma série de decepções.

O problema nesse caso não é o futebol. Tampouco a igreja. Se você perguntar a essa esposa se ela não gosta que o marido jogue futebol, provavelmente dirá que não vê problema nisso. Se perguntar ao esposo se ele vê problema na igreja, ele afirmará que não, que até gosta. Mas aqui falta o respeito aos limites. Em tudo o que se faz, especialmente em se tratando de relacionamentos afetivos, deve-se dar atenção aos limites.

Meu conselho

Há uma solução para esse problema, que pode ser aplicada em praticamente todas as áreas em que haja conflito de preferências — o que sempre ocorrerá. Se o marido tomasse a iniciativa de se pôr no lugar da esposa, e vice-versa, as coisas seriam mais facilmente resolvidas. Assim, ele manteria o futebol, mas não necessariamente por um dia inteiro, visto que isso compromete o convívio dos dois, e o lazer familiar é muito necessário para que o relacionamento cresça. Se houvesse sensibilidade da parte dele para reduzir esse período e dedicar mais tempo à mulher e ao convívio familiar, junto com a dedicação em parte dos domingos a acompanhá-la à igreja, tenho certeza de que isso faria dessa esposa uma pessoa mais feliz. O casal se equilibraria. Do mesmo modo, se ela aceitasse a proposta, o caso teria um encaminhamento muito melhor.

Com a chegada dos filhos, essas atitudes lhes ensinariam, na prática, o entendimento, a compreensão e o respeito aos limites de cada um. Nada é mais pedagógico do que o exemplo, especialmente quando falamos de pais e filhos. As crianças nos observam muito mais do que imaginamos.

A solução que sugiro aqui não funcionará sem que primeiro se reconheça que há um problema e que, a partir dessa compreensão, se tomem atitudes. Com isso, cessarão toda vontade de prevalecer e a negação às mudanças necessárias.

Não use o precioso tempo de convívio e namoro para apenas sonhar com a cerimônia de casamento. Ela não fará a menor diferença pouco tempo depois. Certa vez iniciei uma sessão de aconselhamento perguntando ao casal como estavam os preparativos para o casamento, e eles logo responderam que estava tudo certo: bufê, recepção, músicos, decoração e tudo o mais. Interrompi e corrigi: "Perguntei sobre o casamento, e não sobre a cerimônia".

Narrei as diferenças que tenho com minha esposa. Mas, durante o namoro, nós nos entendemos e nos compreendemos, respeitando preferências e gostos. Portanto, não os omita, não faça concessões desnecessárias, não creia que ficando omisso nessa fase dará um jeito no futuro, pois isso não vai acontecer. E, se vier a acontecer, não será simplesmente pelo poder de sua persuasão, e sim por outro fator, que pode ser desde a própria iniciativa da pessoa até uma ação divina — e o nome disso na linguagem espiritual é *milagre*. Mesmo crendo profundamente em milagres, sugiro que cada um abra seu coração, fale abertamente do que gosta e do que não gosta, e, assim, as portas de um futuro ajustado se abrirão para vocês.

Quando existe essa transparência no relacionamento, tudo fica mais fácil. Um casal que está namorando não deve perder nenhuma oportunidade de saber mais um do outro e, da mesma forma, de se deixar conhecer melhor e mais intensamente. Durante as sessões de aconselhamento, sempre pergunto às partes o que sabem sobre os gostos do outro e até que ponto isso, mesmo quando gera diferenças, é algo resolvido. Gastamos algum tempo conversando sobre esse aspecto como um investimento futuro, na certeza de que a abertura hoje, o aprendizado e o respeito vão gerar um relacionamento mais equilibrado depois. Assim, será mais fácil suportar as pressões e a intensidade de um casamento. Pode parecer algo simples e até desnecessário, mas, creia, é o conjunto de atitudes simples que faz os casamentos funcionarem adequadamente. Vale a pena se perguntar, com a finalidade de dizer *sim* com mais convicção: "Eu sei do que ele(a) gosta e do que não gosta?", "Podemos chegar a um entendimento a esse respeito?".

....

3

Dinheiro é uma questão de foro íntimo?
Como meu futuro cônjuge lida com as finanças?

> *O dinheiro deve ser apenas o mais poderoso dos nossos escravos.*
> Abel Bonnard

Durante uma sessão de aconselhamento com um casal que eu pastoreava, com vistas ao casamento, fiz uma pergunta à noiva: "Qual é o salário dele?". Um silêncio profundo tomou conta da sala, os olhos do casal iam do teto ao chão, as mãos se apertavam e nenhuma resposta vinha à minha pergunta, até que, em voz baixa, ela saiu-se com uma defesa: "Mas, pastor, essa questão de dinheiro é algo de foro íntimo!". Afirmei de antemão que não era de meu interesse saber o salário de ninguém, mas apenas detectar em que nível eles tratavam a questão financeira dentro do relacionamento. E, pelo que percebi, havia uma lacuna de conhecimento naquela área. Como eles pretendiam entrar em uma vida matrimonial tendo segredos acerca desse assunto?

Depois daquele momento, passei a conversar com eles sobre a importância de ter abertura e transparência nos relacionamentos quando tratamos dos assuntos financeiros. Casamento é uma parceria que não admite segredos e omissões em nenhuma área, muito menos quando se trata de finanças. Os consultores na área de capitais afirmam que a questão monetária é o último grande tabu da sociedade moderna. "Há casais que não sabem a renda de seu cônjuge, e a maioria dos homens ainda se ressente quando a mulher ganha mais", diz a especialista Márcia Dessen, da empresa de consultoria BankRisk.

No início de meu ministério, realizei meu primeiro casamento como pastor ordenado em um hotel cinco estrelas, no Recife. Ambiente lotado e com todas as formalidades, chega o momento dos votos e da clássica pergunta: "Prometes ser fiel na alegria e na tristeza... na riqueza e na pobreza...?". Para minha surpresa, ainda não tinha terminado essa parte quando a noiva começou a rir descontroladamente, numa crise histérica. Em poucos segundos todos estavam aos risos. Aproveitei a oportunidade e, ao tentar descontrair aquele momento que tendia para o constrangedor, perguntei à noiva: "De onde vem toda essa alegria? Alguma dificuldade nessa área?". Essa parece ser sempre uma área que necessita ser bem trabalhada.

Há certo constrangimento em se falar de finanças, e isso começa já no namoro e nas idas às lanchonetes. Quem paga a conta? Essa questão às vezes quebra o clima de romance. Parece que tem sido mais difícil falar de dinheiro no casamento do que de sexo ou da educação dos filhos. Alguém disse: "Dinheiro é uma medida de valor com a qual medimos nossa individualidade, por isso é tão complicado falar dele".

Segundo o instituto de pesquisa H2R,[1] em pesquisa realizada na cidade de São Paulo, mais de 1/3 dos casais paulistanos entrevistados, 38%, admitem que chegam a brigar por dinheiro. Isso significa que são milhares e milhares de casais que não se entendem na relação financeira e que provavelmente não planejaram essa área quando deviam ter feito.

Nos Estados Unidos, metade dos divórcios que ocorrem tem como justificativa problemas financeiros. O que chama a atenção é que, nesse país, as famílias mais pobres têm acesso a recursos financeiros que poderíamos considerar bem mais amplos que os de famílias de muitas outras partes do planeta. Essa realidade talvez sugira que o importante não é o volume de dinheiro que se tenha, mas a atitude em relação a ele — ou seja, a maneira de lidar com as finanças.

Um conselho do apóstolo Paulo a Timóteo versa sobre isso: "O amor ao dinheiro é a raiz de todos os males. Algumas pessoas, por cobiçarem o dinheiro, desviaram-se da fé e se atormentaram com muitos sofrimentos" (1Tm 6.10). Preste atenção a esse versículo. A primeira parte mostra a maneira inadequada de lidar com as riquezas: "O amor ao dinheiro é a raiz de todos os males". Quando Paulo exorta Timóteo quanto a isso, ele está tentando mostrar que uma pessoa pode possuir muito dinheiro e não ser dominada por ele. Mas, a partir do momento em que essa relação se deteriora com a presença da cobiça, o risco de uma vida desviada da fé se aproxima. Na segunda parte do mesmo versículo, Paulo diz que a maneira de lidar com as finanças pode trazer dores: "Algumas pessoas, por cobiçarem o dinheiro, desviaram-se da fé e se atormentaram com muitos sofrimentos". A palavra no texto original, em grego, traduzida aqui por "se atormentaram" é a mesma usada quando se transpassa a pele para o uso de brincos e *piercings*. Esse ato gera dor. A paixão pelo dinheiro pode levar qualquer pessoa — e também um casal — a sofrer as consequências. Mais uma vez é importante dizer que não é pela presença do dinheiro em si, mas pelo amor por ele. Quando se ama algo, a prioridade será aquilo, o objeto de nosso desejo. Quando se ama o dinheiro, a prioridade será o lucro desenfreado.

No relacionamento matrimonial não será diferente. O foco no dinheiro trará dores e consequências, porque a prioridade passará a ser finanças. Nesse caso, o desequilíbrio virá de qualquer lado, mesmo quando essa for a meta dos dois. A prioridade da família deve ser sempre o bem-estar de seus membros, a convivência sadia, a espiritualidade de todos. Se, porém, tivermos como foco a saúde financeira e a cobiça por ter mais, o bem-estar familiar sofrerá.

Quando observamos o ensino transmitido nos versículos imediatamente anteriores a 1Timóteo 6.10, percebemos que ele se completa quando sugere que há simplicidade na maneira de ser (v. 8). O versículo 9 afirma: "Os que querem ficar ricos caem em tentação, em armadilhas e em muitos desejos descontrolados e nocivos, que levam os homens a mergulharem na ruína e na destruição".

A expressão "os que querem ficar ricos" se refere àquelas pessoas que têm como meta o enriquecimento, e não o viver bem, de modo satisfatório. Quando Paulo dá destaque a "os que querem", ele está condenando aqueles que têm a constante preocupação mental de enriquecer e o consequente esforço exagerado para atingir essa meta — o que resultará em perda. E a maior perda está descrita no versículo 10, "desviaram-se da fé". Por essa razão, quanto mais cedo esse tipo de questão for enfrentado, mais chances o casamento tem de dar certo. O matrimônio que alcança o equilíbrio na área financeira sabe que está pulando talvez a maior das fogueiras que podem destruí-lo.

A mesma pesquisa, do instituto H2R, mostra que 40% dos casais dividem igualmente as despesas, mas só 22% deles têm conta conjunta. A separação das receitas é mais radical entre os que moram juntos sem ser casados (o que juridicamente se chama de "relação estável"): apenas 6% têm conta conjunta.

Como apenas 6% dos que moram juntos sem ser necessariamente casados compartilham a conta bancária, podemos inferir que o grau de confiança desse tipo de relacionamento ainda não alcançou um nível mais aprofundado. A negação em assumir um compromisso formal (o casamento civil) pode também levar a relação a se manter no campo da informalidade.

Uma pesquisa realizada pelo Pew Research Center[2] com mais de dois mil adultos americanos revelou que, entre 1990 e 2007, cresceu de 46% para 53% o número de pessoas que consideravam o dinheiro o fator mais importante para o sucesso do casamento. Isso significa que, hoje, a maioria das pessoas naquele país acredita nisso. De fato, as finanças podem vir a ser o fator mais importante no matrimônio tanto para *dar certo* quanto para *não dar certo* — tudo depende da maneira como são vistas e administradas pelas partes.

Outro fator presente nessa questão é a herança machista, ainda muito viva em nossa sociedade. Isso leva os homens a se sentirem mal quando a renda de sua mulher é superior à sua. Conheço casos desse tipo, em que o divórcio foi resultado do inconformismo do marido, que não soube lidar com uma esposa mais bem-sucedida financeiramente. Não seria novidade dizer que existem casos em que o esposo boicota as aspirações profissionais de sua mulher por não saber lidar com isso.

O aspecto financeiro ainda é um problema desde o namoro, porque existe um pensamento que parece crescer em meio às novas gerações segundo o qual, para se casar, tudo tem de estar pronto — desde o apartamento que tem de ser comprado até os detalhes do enxoval. Ora, em tempos difíceis como temos vivido, isso leva muitos casamentos a serem postergados por questões que podem ser resolvidas ao longo do tempo e fazem parte de uma construção conjunta da caminhada do casal.

Brigas por dinheiro
Como a questão financeira afeta os relacionamentos

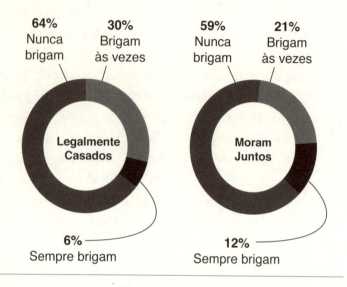

Orçamento doméstico
Como os casais administram as finanças

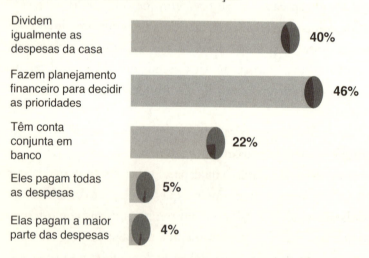

Fonte: Pesquisa "A renda familiar e o dinheiro", realizada em agosto de 2004 com 150 casais de São Paulo (SP), pela H2R Pesquisas Avançadas.

O que temos visto em muitos casos são ênfases invertidas. A cerimônia de casamento tem sido alvo de muito investimento. Em certos casos, compromete-se o orçamento futuro para se realizar a cerimônia dos sonhos de alguém. A cada dia essas cerimônias se tornam mais sofisticadas e, cada vez mais, itens supérfluos entram na lista do que é essencial. Hoje, os custos de uma festa de casamento na classe média alta podem chegar a valores equivalentes aos de um apartamento. Empresas especializadas tratam dos mínimos detalhes. Existem *websites* que detalham todos os custos de um casamento, além de discriminar o que cabe a cada parte, desde os noivos até os padrinhos e convidados. Existem, ainda, empresas que dão total assessoria aos noivos, desde o local, a comida e as bebidas, meios de transporte, música, filmagens e outros ingredientes de uma cerimônia nos moldes de nossos dias. Já não me surpreendo quando recebo casais em meu gabinete que sabem de antemão como celebro os casamentos, pois essas empresas sugerem alguns padres e pastores aos noivos, a quem mostram vídeos das cerimônias.

Ora, tudo isso gera altos custos. O que se gasta em uma noite poderia ser muito mais útil se fosse aplicado em necessidades mais relevantes e úteis. Não quero dizer com isso que as cerimônias deveriam ser descartadas, mas posso garantir que os recursos têm como ser aproveitados com muito mais racionalidade. No casamento, dinheiro não pode ser questão de foro íntimo. E, se for, é da intimidade dos dois. Lembre-se: vocês são um, formam um par e deveriam constituir a unidade mais íntima possível.

Um dos aspectos mais gratificantes na vida de um casal é olhar para trás e poder contabilizar o que construíram juntos. A caminhada de um casal é bela, e as finanças podem colaborar muito com isso. O sentimento de competição que paira no ar nos dias de hoje gera uma quase necessidade de entrar no casamento com tudo definido, materialmente falando. Isso significa que o tempo de namoro e noivado será estendido o suficiente para que tudo seja resolvido, o que pode estar privando o casal de desfrutar de seu casamento. Não entre no espírito deste mundo: o melhor do matrimônio não está no que vocês têm, mas, acima de tudo, no que vocês são, seja com pouco dinheiro, seja com bons salários. A maneira pela qual o casal trata isso fará toda a diferença.

Valéria e eu, quando nos casamos, tínhamos um orçamento restrito. Eu havia me formado em engenharia de pesca e era recém-contratado em uma empresa pública estadual. Ela trabalhava como atendente em um consultório médico. Nossos cálculos eram em cima do que precisávamos para viver e nunca do que desejávamos. Trabalhamos sempre em cima do real, e não do ideal. O ideal ficou como nossa meta, e o real, como nossa possibilidade.

Nossos planos foram atropelados pelas circunstâncias. Estávamos a ponto de comprar um pequeníssimo apartamento, mas que nos era suficiente. Nossa mobília seria reduzida, e levaríamos algumas coisas da casa de nossos pais. Mas minha cunhada, que morava em Santa Catarina, ficou viúva e voltou para o Recife. Ela tinha um apartamento totalmente montado e um filho com menos de 1 ano, e nos pediu para morar com ela. Contra todos e contra tudo e, em oração, decidimos aceitar o convite e partilhar com ela aquele momento difícil de sua vida. Não aconselho que ninguém faça isso sem que haja uma direção clara de Deus. Assim entendemos e por isso aceitamos. Nosso primeiro ano de casamento foi acompanhado por poucos objetos nossos, pois eram tudo o que podíamos levar para aquele apartamento. A companhia de minha cunhada e seu filho em nada atrapalhou nossa vida de recém-casados; ao contrário, nos trouxe prazer e alegria.

Com a gravidez de Valéria, ao final do primeiro ano alugamos um apartamento. Gabriel, nosso primogênito, estava a caminho. Montamos nosso lar com o que tínhamos na casa de nossos pais, móveis emprestados ou doados — tudo dentro da maior simplicidade. Nossa televisão era portátil, em preto e branco, nosso aparelho de som não era dos melhores. O apartamento era poente — e quem vive no Nordeste sabe que isso significa calor na maior parte do dia e da noite. Por isso mesmo, toda noite levávamos nosso colchão para o quarto de Gabriel, já que lá havia um ar-condicionado comprado de segunda mão. Era nossa realidade, e a abraçamos com ação de graças. Levei da casa de meu pai uma bicicleta Barra Forte, que foi nosso principal meio de transporte até que adquiri outra — usada —, e, aí sim, os dois estavam equipados. Saíamos para a feira com essas bicicletas, que voltavam cheias de sacos de supermercado pendurados por todos os lados, como uma árvore de Natal. Felizes, as empurrávamos até nosso pequeno apartamento. Com sua bicicleta, Valéria levava Gabriel para a escola e, nos dias de chuva, o envolvia em um saco plástico, desses usados para colocar lixo. Isso perdurou até que pudemos juntar dinheiro para comprar nosso primeiro carro, uma Belina, que apesar de ter ferrugem por todos os lados foi festejada como se fosse uma limusine. Tudo isso fez parte de nossa construção e fomos muito felizes. Assim como somos hoje, vivendo uma situação financeira melhor do que a de então. Mas tudo que se referia a finanças sempre foi pensado em conjunto, com transparência e dentro de nossas possibilidades.

Ainda dentro do quesito *finanças*, é importante que seja bem trabalhado o que está relacionado ao futuro. Isso envolve as possíveis heranças e outros benefícios. Não são poucos os casamentos que são interpretados como aventuras de interesses.

Você pode pensar que esse tipo de coisa não acontece nos dias atuais, mas acontece. Lembro-me de um caso em que tudo correu bem até o dia da cerimônia. Namoro e noivado transcorreram sem atropelos. Ele de família simples, e ela de família abastada. Após o casamento ele se transformou, e, em menos de um ano, a separação foi vista como a única saída. O jovem pensava que sairia daquela relação com um bom pé-de-meia, mas não conseguiu, porque a família da noiva havia se prevenido juridicamente na questão de uma eventual partilha.

Tudo que se referir ao futuro, no que tange a dinheiro, deve ser tratado com transparência durante o namoro e o noivado. Você terá de ser muito verdadeiro e sincero. Existem maneiras diferentes de se registrar um casamento. Comunhão total de bens, comunhão parcial, contrato pré-nupcial... Tudo deve ser levado em consideração na hora de registrar a união em caráter civil. O assunto deve ser tratado de maneira transparente pelo casal — caso contrário, haverá consequências no futuro.

Lido com um universo razoável de casais em meu dia a dia e percebo na prática essa realidade das finanças divididas e de contas separadas rigidamente para que cada um pague. O que observo é um individualismo financeiro dentro dos casamentos, quando a questão do dinheiro deve ser tratada de maneira sábia e com temperança — sob risco de comprometer o futuro da relação.

O papel do homem

Neste ponto, é importante fazermos uma breve análise do que se entende por liderança masculina na vida familiar, devido aos conflitos que alguns homens enfrentam por ganhar menos do que a esposa. Em primeiro lugar, não há nenhum princípio bíblico ou mesmo uma passagem das Escrituras que associe a liderança do marido à questão financeira. Não há nenhuma referência que seja, mesmo fora do contexto, que possa sugerir algo do gênero. A liderança familiar, segundo a Bíblia, vem pelo amor. Paulo é enfático quando escreve sobre a postura do esposo em relação à esposa: "Maridos, ame cada um a sua mulher, assim como Cristo amou a igreja e entregou-se por ela" (Ef 5.25); "Maridos, ame cada um a sua mulher e não a tratem com amargura" (Cl 3.19); "Do mesmo modo vocês, maridos, sejam sábios no convívio com suas mulheres e tratem-nas com honra, como parte mais frágil e co-herdeiras do dom da graça da vida, de forma que não sejam interrompidas as suas orações" (1Pe 3.7).

Esses textos sugerem amor sacrificial, compreensão, educação, carinho e cuidado. Pedro expõe a necessidade de honrar as esposas e vai além: dá um tom de igualdade diante de Deus quando afirma que elas são "co-herdeiras do dom da graça da vida". Sugere ainda que, se a esposa não for tratada dessa maneira, a comunhão do homem com Deus poderá ser prejudicada: "... de forma que não sejam interrompidas as suas orações".

Então, mais uma vez, a ênfase está no amor, no respeito, na sabedoria e na honra. Nunca se relaciona à questão financeira. A liderança masculina, que deve ser vista com cuidado e equilíbrio, também precisa ser entendida como um princípio básico, que denota, por exemplo, a diferença entre líder e chefe. O chefe manda ir, o líder vai junto. Assim, o marido não ordena, não dá um comando a ser obedecido: ele aponta para uma direção, e trilhá-la ou não é algo resolvido em diálogo e amor. Isso faz uma enorme diferença em todas as áreas do relacionamento a dois. Mostra que tudo deve ser discutido e planejado, e, quando se toma a decisão, o primeiro a apontar o rumo a seguir é o marido. Se isso é assim, por que existem dificuldades nessa área? Trata-se de uma questão fortemente cultural, o que não quer dizer que seja algo simples ou que devemos ignorar. É sério e deve ser resolvido para que haja bom andamento na relação.

A supremacia financeira da mulher tem gerado dificuldades em muitos casamentos, fruto do alto grau de preconceito existente na sociedade, que transforma a questão em algo incontornável. Em tese, isso não deveria gerar insatisfação conjugal, mas acontece mais por conta da pressão exercida por amigos e familiares. Nesse caso, definir até onde o preconceito afetará a vida do casal cabe ao homem, sempre o mais atingido, mas também à mulher que tem maior participação na renda familiar. Trata-se de uma questão de definição de papéis, e isso deve ser visto com naturalidade. O casamento é um projeto comum de vida, em que o *meu*, o *teu* e o *nosso* precisam estar bem definidos. O *nosso* é a soma do que ganhamos, e a contribuição de cada um deve ser vista não em termos de valores, mas, sim, em termos de colaboração, esforço e participação. Isso deve ser bem resolvido, para que, nos momentos difíceis, não surjam frases do tipo "sou eu que pago, logo...". Se a ênfase do casal estiver na contribuição financeira de cada um e nos valores de seus salários, isso poderá se transformar em motivo de acusações e em nada vai colaborar para o bem da relação.

A liderança masculina existe como parte inerente do ser humano. Pela minha experiência, será sempre uma exceção conhecer um casal em que a liderança e o comando da mulher sejam nítidos e fortes e esse casal viva uma relação equilibrada. O mesmo ocorre quando o marido é um déspota. Por outro lado, conheço casais em que há uma supremacia feminina nas finanças e total equilíbrio no relacionamento matrimonial, com uma compreensão harmônica dos papéis. Mas, onde existe isso, vejo um casamento moldado nos padrões bíblicos do amor sacrificial, da partilha e do companheirismo. Por essa razão, creio que o amor não significa anulação das partes, mas a valorização e a compreensão da unidade delas.

Portanto, a liderança não pode, em hipótese alguma, ser vinculada ao valor de um contracheque, mas, sim, aos princípios das Escrituras. Vale a pena lembrar que a solicitação bíblica feita ao marido vai além da submissão solicitada às mulheres: chega ao ponto do sacrifício da própria vida. Sugiro que esse assunto torne-se alvo de muita conversa. E que seja resolvido de antemão pelo casal antes mesmo de dizer *sim*. Desse modo, surpresas e decepções serão evitadas de ambas as partes.

O desentendimento na área financeira pode causar sérios danos à relação, especialmente quando a realidade da família de origem de cada noivo seja diferente. Quando nos casamos, não podemos pensar em manter o padrão de vida que tínhamos antes, mas em construir, junto com nosso cônjuge, o padrão possível — e viver nele.

Meu conselho

Em um casamento, o *meu* é *nosso* e tudo se junta em qualquer situação. Noivos, estejam atentos, esse assunto não pode ser tratado como tabu ou com o pudor dos segredos, pois o resultado será negativo e virá sem demora atormentar a vida de vocês. Levem isso a sério. A impressão que tenho é que o planejamento financeiro não está na pauta dos que se preparam para unir suas vidas, pelo menos não com a abertura e a transparência necessárias. É uma temeridade entrar em uma relação de casamento enquanto o casal não entender que o mais importante é o relacionamento, e não o volume de dinheiro que possui. Se as coisas são assim, dificilmente essa será uma relação saudável.

A melhor forma de evitar constrangimentos por questões financeiras é planejar os gastos a dois. Alguns defendem a necessidade de uma conta conjunta e fazem isso como única alternativa. De fato, ajudará bastante se o casal for organizado o suficiente para manter essa conta atualizada e em ordem. Mas vejo poucos que se submetem a essa disciplina. Na realidade, o que importa — seja com contas conjuntas, seja com individuais — é o nível de transparência entre o casal. Todo mundo tem metas individuais e também metas conjugais ou familiares. É importante que cada um deixe claro quais são seus objetivos pessoais e que, depois de discutidos e expostos, eles sejam enquadrados no orçamento. Sugiro sinceramente o esforço conjunto de viver dentro de seus padrões.

É importante que se diga: o que chamo de "dentro de seus padrões" refere-se ao padrão estabelecido pelo casal, e não ao que uma das partes traz da casa de origem. Por que esse aspecto é relevante? Alguém que deixa a residência de seus pais para viver em seu novo lar, com sua nova família, já deve ter entendido que o núcleo familiar agora se refere ao casal. Tentar permanecer dentro do padrão que havia na casa dos pais pode gerar estresse e desentendimentos. Quando uma das partes se fia na provisão financeira paterna, isso requer atenção. Primeiro, a outra parte deve estar a par de tudo — segredos só complicam. Segundo, se, em algum momento, houver a intenção de aceitar ajuda, isso deve ser feito em comum acordo e em uma ocasião especial. O hábito de depender dos pais de maneira regular pode gerar insegurança, especialmente por parte do marido.

Um dos princípios que sugiro é: torne o Senhor "sócio" de seus negócios. O que quero dizer com isso? Como cristãos, temos o hábito salutar de trazer Deus para perto de nossas vidas e decisões, especialmente nos momentos de maior fragilidade, mas, como seres humanos que erram, temos a prática de mantê-lo a distância quando se trata daquilo que cremos conhecer e administrar bem. Com isso, traçamos limites à presença de Deus em nossos negócios e fazemos escolhas sozinhos — o que não parece ser uma atitude acertada. Assim, quando digo que precisamos fazer de Deus nosso "sócio", me refiro a recorrer a ele como alguém que você consulta, ouve, segue e com quem toma juntamente todas as decisões. Alguém pode dizer que essa questão não deve ser vista sob a perspectiva de Deus ou envolver Deus. Na verdade, aprendemos com a Bíblia que nossa vida é um todo e está plenamente — ou, pelo menos, deveria estar — nas mãos do Todo-poderoso. Os recursos financeiros são fruto de nosso trabalho, que, por sua vez, é dádiva de Deus. O trabalho é, logo, algo sagrado. Quem escolhe a sabedoria divina para suas tomadas de decisão na área financeira pula algumas fogueiras.

Aquelas pessoas que se orgulham de ter acumulado grande fortuna, diz Gary Chapman em seu livro *Amor e lucro*,[3] "podem olhar para sua própria trajetória e achar que alcançaram o sucesso sozinhas, mas basta contrair um germe ou um vírus para a sua perspectiva mudar totalmente. Não realizamos nada sem a ajuda de Deus".

Procurem discutir sobre o que doar e tratem da questão dos dízimos e das ofertas. Converse sempre com seu parceiro (namorado ou noivo) e saiba dele que posição defende nessa área. Um mandato bíblico precisa ser algo da família como um todo. Dinheiro só pode ser usado de três maneiras: gastar, economizar ou doar. Um casal precisa ter esses três aspectos resolvidos antes de dizer *sim*, para que depois não haja más consequências.

4

"Dize-me com quem andas e te direi quem és" — Você me dirá mesmo?
Quem é a família de meu futuro cônjuge?

Quando eu era um garoto de 14 anos, meu pai era tão ignorante que eu mal podia tê-lo por perto. Mas quando eu fiz 21, fiquei impressionado com quanto o velho aprendeu em sete anos.
Mark Twain

Quem é casado sabe que ganhou um cônjuge e, por tabela, também a família dele. Minha experiência nessa área é farta. Casei-me com Valéria e, juntamente com ela, suas quatro irmãs entraram em minha vida. Temos um excelente relacionamento; elas são ótimas, divertidas e barulhentas. Todas as nossas reuniões familiares são sempre muito agitadas. Mas nos casamos com essa turma toda.

Durante o namoro e o noivado, que é justamente a fase de conhecimento, o casal deve investir em conhecer a família do outro. Ela, afinal, estará perto, muito perto de vocês por toda a vida. Algumas perguntas são sempre importantes e deveriam ser feitas pelos namorados ou noivos constantemente: "Como é a família dele?", "Como me tratam?", "Como me veem?". Lembre-se de que seu futuro cônjuge vem dessa raiz e que, a partir do início de seu relacionamento, querendo ou não, você vai se relacionar com esse grupo — que o observa com cuidado faz tempo.

Quando comecei a namorar Valéria, ela era recém-convertida e eu já estudava teologia. Conheci sua família, e foi interessante perceber a distância que havia entre o seu estilo familiar e o meu. Era de fato algo como água e vinho. Tanto é verdade que, após me conhecer melhor, o conselho que minha futura sogra lhe deu foi algo assim: "Minha filha, acho melhor você não levar isso adiante. Esse rapaz vai se tornar um pastor". Ela disse isso sem ter noção de que Valéria havia tido uma experiência com Cristo e que sua vida estava em um processo de transformação. Depois de algum tempo, ela percebeu que nosso amor era verdadeiro. Tornou-se uma das pessoas que frequentavam nossa casa e afirmavam que gostavam de estar lá devido ao ambiente de paz que ali viam. Claro que levou tempo para que houvesse um ajuste e o convívio com a família dela se tornasse agradável. E não será diferente em qualquer outro relacionamento.

Valéria, por sua vez, conquistou minha mãe. O relacionamento delas foi excelente e conviveram como mãe e filha até a morte dela. Meu pai, de temperamento mais recatado e sério, também foi, aos poucos, conhecendo minha esposa, e hoje eles têm uma relação excelente. Mas sabe o que conquistou meu pai e minha mãe? A maneira de Valéria me tratar, com cuidado e amor. Mais recentemente, o relacionamento dela com meu pai se fortaleceu ainda mais — acredito que pelo fato de ele ter percebido como minha esposa cuida de mim nos momentos de dificuldade. Hoje, depois desses anos de casados, toda a minha família respeita nosso amor. E isso, muito provavelmente, tem a ver com a solidez demonstrada no dia a dia de nosso relacionamento.

Em muitos casos, essa harmonia infelizmente não se manifesta. Em geral, pelo fato de um cônjuge não saber lidar com a família do outro. Com isso, sofre a relação e sofrem as partes. Conheço muitos casos em que o relacionamento com a família de um dos cônjuges se manteve truncada, o que chegou a colaborar para o fim do casamento.

Outra razão pela qual insisto no conhecimento das famílias é o comprovado fato de que, em muitos casos, as pessoas têm a tendência de repetir o comportamento familiar. Não poucas vezes escutei a frase "Você é igual a sua mãe!" ou "Você é igual a seu pai!". Isso comprova a necessidade desse bom conhecimento e do desenvolvimento de um relacionamento saudável com os familiares do outro.

Lamentavelmente, não são poucos os casos de namoros e noivados que não seguiram adiante por terem sido prejudicados pelo relacionamento inapropriado com a família de algum dos noivos. Em certas situações, existe ainda outro mal que afeta o futuro do jovem casal: a ingerência. Ou seja, famílias que se intrometem na vida do jovem casal e tumultuam essa relação. Tem a ver com a falta de percepção dos limites da parte de sogros e pais e, também, em outros casos, com a acomodação do próprio casal — que, desatento e confortável, não percebe os riscos que corre ao permitir essa ingerência.

Em minha experiência como conselheiro, tenho visto muitos episódios do gênero, de sogras que insistiram em manter um quarto na casa dos nubentes a pais que, cegamente enciumados, dominam a filha. Nunca me esqueço da jovem noiva que me procurou e disse: "Pastor, eu não quero me casar. Preciso terminar esse noivado logo!". Ouvi o drama que ela tinha a relatar e apenas perguntei: "E por que você ainda não acabou com isso?". Para meu espanto, ela respondeu: "Meu pai não quer. Ele se dá muito bem com meu noivo. Eles são muito amigos". Nesse caso precisei intervir, o noivado foi desfeito e hoje ela é casada com outro rapaz, tem filhos e é feliz. Mas isso não seria necessário se os pais e sogros fossem mais conscientes de seus papéis.

A família de ambas as partes desempenha um papel fundamental na vida do recém-formado núcleo familiar. Na maioria dos casos, a falta de compreensão de que aquela é uma nova célula de família é o que tem gerado dificuldades. Nicky e Sila Lee são autores da obra *O livro do casamento*,[1] que serve como base para um excelente curso matrimonial. Utilizamos esse recurso em nossa igreja durante algum tempo e hoje o usamos nas sessões de aconselhamento pré-matrimonial. Nele, Nicky e Sila expõem a questão do relacionamento familiar e sua influência na vida do jovem casal e como essa relação pode ser administrada para o bem do casamento.

Uma coisa é certa: não podemos subestimar o poder da família, no sentido mais amplo, sobre um matrimônio. Se quisermos que ela colabore para o bem das gerações, precisamos entender bem como o relacionamento com nossos pais deve acontecer na medida em que crescemos.

Isso faz parte de um processo que vai da dependência à independência. Todo ser humano passa, ou pelo menos deveria passar, por isso. Um relacionamento saudável pressupõe que cada uma dessas fases tem seus dilemas. Quando bem compreendidas, ajudarão na formação de uma vida matrimonial saudável.

Nesse processo, a sinceridade é fundamental. Certos aspectos devem ser vistos de frente e pragmaticamente. Como casal que deseja crescer, é necessário olhar para os pais de maneira realista e compreender suas fragilidades, além de observar os pontos fortes de seus relacionamentos. A essa altura da vida, vocês, que estão se preparando para se casar, precisam deixar de lado as fantasias e as ilusões que idealizaram quando crianças em relação a seus pais.

Em momento algum devemos ignorar as dificuldades que podem existir no relacionamento de um casal com seus pais e sogros. Em inúmeros casos a situação é muito clara, o conflito é real e a atitude mais adequada, independentemente de situações em particular, é seguir o conselho bíblico de honrar pai e mãe. Mas não se confunda: honrar não significa aquiescer, se submeter ou ceder. Não é seguir as vontades dos pais. Honrar significa tratá-los com respeito, falar-lhes com carinho, agir com compreensão e tomar as decisões que devem ser tomadas, mesmo contra o desejo deles. Nada mais adequado do que um esclarecimento, quando necessário, acerca dos motivos que definiram determinada decisão. Também é importante explicar que você compreende a posição deles, mas que seguirá segundo seus próprios planos — seu e de seu cônjuge.

O papel dos pais

Vamos ver o papel dos pais em cada uma das quatro fases do desenvolvimento da pessoa e como eles podem ajudar na formação do filho, desde a idade mais tenra até a vida adulta:

a. Fase infantil (decisão e apoio)

Nessa etapa da vida existe uma total dependência dos pais. O papel desempenhado por eles aqui é fundamental na formação da personalidade da criança e influenciará o comportamento do futuro adulto. A criança não decide, mesmo que em algum momento consiga comunicar suas preferências: a palavra final é sempre dos pais. Aqui ela recebe afeição, conforto, segurança e tudo de que necessita para se desenvolver de maneira saudável. Nessa fase, a saúde emocional deve ser bem tratada, e a autoestima a ser desenvolvida dependerá em muito da aceitação. Quando nos relacionamos no nível afetivo, sempre corremos o risco de que nosso amor sofra alguma rejeição. Isso faz parte da vida e, em princípio, não deveria causar transtornos às pessoas. No entanto, sabe-se que adultos que não recebem demonstração evidente de amor dos seus pais quando crianças tendem a desenvolver dificuldade de expressar seu amor a outra pessoa. O relacionamento dos pais com seus filhos nessa fase inicial de decisão e apoio é um alicerce forte para que a criança se torne um adulto equilibrado e capaz de lidar com as eventuais decepções afetivas que venham a acontecer. Trata-se de um processo cognitivo, um aprendizado que fincará aqui suas raízes para toda a vida. A influência dos pais nessa fase é crucial.

Nesse momento, praticamente tudo vem dos pais. A criança tem seus impulsos naturais e seus desejos, mas não possui ainda conhecimento de seus limites. Seu universo é limitado e, por isso, ela deve e precisa ser observada de perto. O zelo torna-se redobrado, pela sua segurança, e os perigos devem ser evitados pelos pais que têm consciência dos riscos. A pedagogia desta fase é, em muito, no nível da proibição. Isso porque crianças não têm a capacidade de julgar o que é bom e seguro para a sua vida — portanto, dependem dos pais ou de adultos que sejam responsáveis por elas. Na maioria das vezes, não vão compreender a sua atitude e o seu cuidado, mas isso não deve interferir na realização do que é preciso.

No entanto, existem exageros desnecessários. Há pais que tratam seus filhos pequenos, às vezes ainda bebês, com uma disciplina extremamente rígida. Presenciei situações em que vi comportamentos diante dos quais precisei me controlar para não me intrometer. Casos clássicos de pais que, por exemplo, deixavam uma criança de poucos meses chorando a ponto de quase perder o fôlego, no intuito de ensinar que ela não tem o controle da situação. Nessa fase da vida, o papel dos pais é prover apoio e encorajamento, gerar confiança, ser um porto seguro e, com firmeza recheada de ternura, acompanhar o desenvolvimento dos pequenos cautelosamente. Tudo o que for plantado nessa etapa será colhido na futura personalidade desse ser humano.

Por essa razão, quando falamos de participação dos pais e sogros na vida de um casal, precisamos observar isso numa perspectiva mais ampla e procurar entender, a partir das origens familiares, como essa pessoa se desenvolveu. Avós, sogros e pais que não compreendem seus papéis podem colaborar em muito para o desajuste da futura vida matrimonial de seus filhos, genros, noras e netos.

b. Adolescência (presença forte e suporte nas decisões)
Eu me recordo bem de minha adolescência. Gostava de achar que eu sabia das coisas. Essa foi a fase em que meus pais, na minha perspectiva, deixaram de compreender o mundo e na qual eu, de repente, passei a entender de tudo. Havia em mim uma demanda por independência. Queria tomar as minhas próprias decisões: quem seriam meus amigos, quais roupas eu vestiria e o que faria com meu tempo e com os meus cabelos. Sonhava com um quarto decorado ao meu estilo, mesmo sem poder, porque eu dormia em um cômodo compartilhado com meu irmão — e, às vezes, com outros agregados.

Nessa época particular, vivi algumas frustrações. Eu queria dominar, queria muita coisa, mas obtive muito pouco daquilo que desejava. Uma vez adulto, entendo que a adolescência quer muito, mas conhece pouco. Aqui entram novamente os pais. Nesta fase devem estar prontos para dar todo o apoio, mas a maioria das decisões ainda é tomada por eles. Eu queria escolher meus amigos, mas meus pais é que conheciam a vizinhança; eu queria escolher minhas roupas, mas meus pais é que sabiam quanto podiam gastar; eu queria escolher aonde ir, mas meus pais é que decidiam onde seria o programa da família. Também eram eles que avaliavam se eram seguros outros programas que eventualmente seriam apenas meus.

Nessa fase ainda não somos maduros o suficiente para tomar todas as decisões, mas os pais estão por perto e dão o suporte necessário em cada uma delas. É fase de transição, a linha divisória entre a dependência e a independência. Pais e filhos ainda estão muito próximos no processo decisório, e existe uma forte dependência, mesmo que nem sempre reconhecida pelos adolescentes.

A presença dos pais nessa fase é fundamental, e ainda mais importante é o tipo e a intensidade dessa presença. A adolescência é uma fase em que a pessoa começa a mostrar a sua personalidade com mais ímpeto e, mesmo que ainda seja dependente, expõe preferências e gostos que precisam ser acompanhados de perto. Esta é a melhor posição dos pais nessa fase: fiscalizar com muita proximidade. É fundamental a presença firme e, ao mesmo tempo, compreensiva.

Aqui a peça-chave desse quebra-cabeça é o suporte paterno. Os pais não necessariamente obrigam, mas participam das tomadas de decisão como um forte apoio — e podem, sim, vetar decisões que não estejam alinhadas com o bom senso e com a linha de educação que vem sendo seguida. Atitudes diferentes dessa, e que significam manipulação e opressão, geram pessoas rebeldes e insatisfeitas, que aguardarão o momento exato para dar o grito de liberdade.

Cada fase da vida deve ser vivida com a intensidade que ela demanda, mas a adolescência precisa ser supervisionada pela sua importância na formação do ser e por constituir uma fase da vida tão destituída de razão e fortemente dominada pela paixão. Pessoas que são reprimidas constantemente nessa fase crescem frustradas e desenvolvem personalidade fragmentada.

c. Juventude (suporte nas decisões individuais)
Nessa fase da vida, mesmo que os filhos ainda vivam na casa dos pais, há maior independência. A pessoa toma decisões sobre seu futuro, mas ainda está ligada aos pais, de quem recebe conselhos, apoio e mesmo conforto quando as coisas não vão bem. Nesses momentos, nada é melhor do que o colo da mamãe. Para alguns, essa fase significa deixar a casa dos pais e viver só. Culturalmente, o Brasil mantém a tradição de os filhos deixarem a casa paterna apenas para se casar. Claro que cresce o número de jovens que fazem isso antes do casamento, mas ainda é uma minoria.

É lamentável que muitos pais nessa fase nem sempre demonstrem equilíbrio e sobriedade. A ingerência paterna de maneira manipulativa e indevida no processo decisório gera pessoas inseguras ou até mesmo precipitadas. Pode criar ainda indivíduos difíceis de ensinar, altivos. Isso representa grande prejuízo na formação da personalidade, especialmente no que se refere a relacionamentos afetivos. Se os pais percebessem quanto é importante apoiar fortemente seus filhos sem se esquecer de que eles precisam tomar as próprias decisões, seria bem mais produtivo para esses jovens quando, na vida adulta, necessitassem fazer escolhas por si mesmos.

Há dois aspectos que devemos considerar. Primeiro, se os pais sempre se intrometem e forçam as decisões que lhes agradam, evitam que esses jovens cresçam fazendo escolhas acertadas ou mesmo sofram e se decepcionem com decisões equivocadas ou precipitadas. Isso, pelos dois lados, é pedagógico na formação da personalidade e será de vital importância na vida adulta. Em especial, na área afetiva dessa pessoa. Segundo, é igualmente negativo quando há a ausência dos pais em todo o processo decisório. Mesmo sem ser ele quem toma as decisões, nessa fase é importante para o jovem saber que os pais estão ali em caso de necessidade. Isso sempre gera segurança, e ter o apoio suficiente e a presença insuspeita dos pais em todos os momentos é algo que ficará marcado em sua personalidade.

Conheço casos de famílias que geraram jovens bastante revoltados e sem estrutura de personalidade definida, tanto pela ausência dos pais quanto pela presença excessiva na fase decisória da vida — notadamente na juventude.

d. Casamento (apoiam e opinam, mas não decidem)
Essa fase é o nosso foco. É quando a influência dos pais na vida do filho evolui para uma presença mais leve e com menos ou nenhuma ingerência. O núcleo familiar agora está em volta do casal que, com o casamento, estabeleceu essa nova célula. Isso significa também que ali haverá decisões novas e independentes, em um novo lar. O apoio, a afeição, o conforto, a segurança e o encorajamento virão, a partir de então, de um cônjuge para o outro. Já tratamos da importância da presença inteligente dos pais na vida dos filhos até a juventude e do que isso pode gerar em termos de apoio, afeto, amor, segurança e autoestima. É nessa nova fase que se colhem os frutos ou os desencantos de uma formação nos termos adequados ou não.

Se as pessoas que agora formam um casal não tiveram o acompanhamento equilibrado dos pais em todas as fases do desenvolvimento, dificilmente saberão lidar com as deficiências de formação na sua vida matrimonial. Naturalmente, existem pessoas que superam essas dificuldades com esforço e decisão própria, mas não podemos afirmar que isso é comum. Em minha experiência acompanhando casais em preparação para o casamento — e mesmo casais casados há algum tempo — percebo que as marcas de uma formação da personalidade com deficiências, devido à excessiva presença ou ausência dos pais em todo o processo, têm gerado muito prejuízo no comportamento das pessoas.

Aqui é importante que tanto os pais quanto os filhos entendam isso. Quando os pais se envolvem onde não devem, a ingerência é desnecessária e nociva ao casal. E, quando os filhos buscam a presença dos pais de maneira inadequada, gera-se dependência, o que é igualmente prejudicial ao relacionamento.

Essa "troca de lealdades" não significa que se está cortando relações com os pais e familiares, pois, quando a relação é apropriada, eles serão um grande apoio na vida do casal. Independentemente da distância em que vivam, sua presença será sempre positiva. As celebrações de Natal, aniversário e outras festas serão oportunidades para reunir as gerações e servirão de exemplo de convívio.

Essa transição da dependência para a independência faz parte da vida de cada um de nós e deve existir e ser vivida, sob pena de haver uma formação incompleta da personalidade, um vácuo de existência. Quando isso ocorre, há o risco de se tentar viver de maneira extemporânea o que não se viveu em outra fase da vida. Isso traz desequilíbrio na vida, visível, por exemplo, no comportamento de pais manipuladores e filhos excessivamente dependentes no aspecto emocional. Há casos em que se podem perceber claramente esses distúrbios. Um desses casos ficou bem marcado em minha memória: um pai tinha um poder manipulador tão forte sobre a filha que a sua ingerência fez com que os relacionamentos da moça nunca progredissem. E, até hoje, essa jovem sofre em razão dessa ingerência patológica. Tristemente, sofrerá até que decida se libertar desse sequestro emocional ou que haja uma mudança de comportamento por parte do pai, o que aparentemente será difícil de acontecer.

Uma armadilha que pode ser fatal

Há muitos aspectos envolvidos no relacionamento afetivo, na paixão e naquilo tudo que o coração humano sente ou mesmo acha que sente. Quando se pensa em laços familiares, esses sentimentos podem se potencializar e, se não forem discernidos acertadamente, tornam-se armadilhas na vida de qualquer pessoa.

A família é uma instituição tão importante e valorosa que todo ser humano, de uma forma ou de outra, deseja tê-la de maneira estruturada. Muitos vão dizer que isso é relativo, que a família já teve mais importância, que está fora do foco nos dias de hoje, que o conceito familiar mudou. Mas, lá no fundo, e mesmo dentro de seu próprio conceito, a maioria das pessoas deseja edificar um núcleo familiar.

Viver em família envolve, cativa, sensibiliza, motiva, dá amor, ensina e chama ao auxílio, à colaboração e à cooperação. E, por isso tudo, pode se tornar uma armadilha. Se você desenvolve um relacionamento amoroso com uma pessoa que está cercada de uma família desse tipo, esse núcleo pode envolvê-lo a ponto de fazer com que se confundam as coisas. Se há dúvidas quanto ao seu amor pela pessoa em foco, se essa certeza ainda não é concreta, e você se sente envolvido mas percebe que está faltando algo, cuidado: a luz amarela pode estar acesa. Você pode estar envolvido emocionalmente com a família e toda a sua estrutura, e não necessariamente com a pessoa a quem imagina amar.

Não foram poucas as vezes em que lidei com situações nas quais esse era exatamente o caso: o namoro era com o todo, mas a estrutura familiar era o que mais pesava no relacionamento. O problema pode acontecer tanto com o namorado em relação à família do outro quanto com a família em relação ao namorado. Em ambos os casos isso é prejudicial. Esteja atento: a armadilha está aberta e pode estar diante de você.

Mas também existe o extremo oposto. Há casos em que a família é pouco presente ou praticamente ausente da vida do casal. Isso não ocorre por opção dos filhos, mas, sim, dos pais, que são pouco participativos. Cada um tem a sua forma de enxergar a vida, e ninguém pode cobrar deliberadamente um comportamento de alguém. O casal que não entender isso terá dificuldades e seguirá com laços de amargura em relação aos pais/sogros — o que não é nada positivo. A posição cristã recomenda compreensão, e não cobrança. Muitos casais vivem em uma relação de ajuda e apoio com as famílias de origem, o que é muito bom, mas há aqueles casos em que o casal nem sequer tem a chance de deixar as crianças com os avós para ter uma noite de lazer a sós. Às vezes isso se dá quando os pais já estão cansados e já ajudaram muito outros filhos, ou por outra razão qualquer. Devemos lembrar que esse tipo de apoio não é obrigação de ninguém e não deve ser cobrado. Se não é feito com prazer, melhor que não seja feito.

Fui o último de meus irmãos a sair de casa e não tive a oportunidade de deixar meus filhos com os avós, os meus pais. Minha esposa, da mesma forma, não teve essa facilidade, mas isso em momento algum comprometeu nosso relacionamento com essas partes, que sempre foi harmônico. Planejamos nossa vida sem essa dependência e, assim, nos privamos de criticar ou de nos ressentir. É preciso ter maturidade, equilíbrio e sensatez para compreender que os filhos são nossos, e a obrigação de nos privar de qualquer coisa para prover o bem-estar e a segurança deles é nossa.

Meu conselho

Vou começar com um princípio bíblico que creio ser muito válido e que parece receber pouca atenção. É o primeiro mandamento sobre casamento que surge na Bíblia: separar-se dos pais. Isso está registrado bem no início das Escrituras. "Disse então o homem: 'Esta, sim, é osso dos meus ossos e carne da minha carne! Ela será chamada mulher, porque do homem foi tirada'. Por essa razão, o homem deixará pai e mãe e se unirá à sua mulher, e eles se tornarão uma só carne" (Gn 2.23-24).

O dito popular afirma: "Quem casa quer casa". Mas o padrão divino para um casamento saudável envolve deixar os pais. Antes do casamento a dedicação é aos pais. Após o casamento se forma o novo núcleo familiar, e a dedicação passa a ser, inicialmente, ao cônjuge.

É indispensável ter boas relações com a família do namorado e valorizar momentos importantes. Isso não significa que você deve estar enfiado na casa de seus sogros — não abuse. Não há necessidade de estar presente em todos os acontecimentos familiares, nem mesmo os dois precisam estar sempre juntos nessas ocasiões. Nessas situações, é bom entender os limites que cada um tem e só requisitar a presença do amado em eventos realmente importantes. Para a namorada passar o sábado à tarde com a sua tia-avó todo final de semana, o ideal é ir sozinha e deixar o namorado jogando bola com os amigos.

Outro aspecto dentro dessa política de convivência familiar é a moderação. Não é produtivo sob qualquer aspecto que o namorado seja *entrão*. Pela cultura nordestina, o entrão é aquele sujeito que namora uma garota há uma semana e já se senta no sofá, coloca os pés em cima da mesa de centro, assume o controle remoto do aparelho de TV, abre o jornal antes do sogro e se intromete na conversa sem ser chamado. Esse é um típico entrão: o genro que você não queria ver em sua casa.

A *entrona*, por sua vez, não seria diferente. Ela mal chega à residência do namorado e se aloja no quarto dele, lava suas cuecas e vai à cozinha preparar um lanche. Torna-se ainda mais entrona quando, em suas conversas com a sogra, insinua que está cuidando do garoto muito bem. Essa é aquela nora que leva uma mãe a sentir um grande sentimento de perda em relação ao filhinho querido. A competição começará nesse momento e não acabará nunca mais.

Não há sogro ou sogra que resista a isso. Meu conselho é: chegue à família de maneira modesta, escute mais do que fale, peça sugestões à sua sogra sobre o tipo de sanduíche de que seu namorado gosta. Mostre-se respeitoso com a sua namorada, descubra o gosto do sogrão e, de maneira gradual, veja como se aproximar dele. Mas cuidado: se ele notar que você está tentando ganhá-lo, quem estará perdido será você. Afinal de contas, sua meta é, um dia, levar a filha dele embora para sempre.

Um conselho especial aos homens que namoram e querem noivar. Se você concluiu que a hora chegou, isso deve significar que os planos estão se formando e que, em breve, você vai retirar a sua garota do aconchego do lar, da proximidade intensa com seus pais e familiares. Leve isso em consideração. O noivado não precisa ser um momento formal, chato e burocrático, mas aceite esta recomendação: não faça isso a dois, numa mesa de restaurante ou num culto em secreto, como se isso só interessasse a vocês. Os pais dela — e, em especial, seu sogro, que o vem recebendo em casa com estima — ficarão muito felizes se tiverem uma satisfação. Faça questão de partilhar esse momento com os pais. Há sempre uma expectativa nessa direção, e o simples desprezo por isso poderá soar como desinteresse de sua parte com relação à opinião deles. E não se esqueça de que seus sogros o acompanharão pelo resto de sua vida de casado.

Promova um encontro, um pequeno jantar com os pais, e compartilhe sua intenção. Isso não significa que você terá de se encher de formalidades e pedir a mão dela em casamento, mas pode, descontraidamente, comunicar seus planos. Assim, todos sairão ganhando, e a confiança crescerá. A família de seu cônjuge precisa ser sua parceira, pois, caso se torne uma adversária, é você quem estará em maus lençóis.

Claro que há casos muito difíceis, em que até a convivência será complicada. Quando dizemos que a honra aos pais não significa subserviência, é porque haverá casos em que os pais tomarão atitudes sem respaldo no equilíbrio e no bom senso. A Bíblia não nos recomenda seguir alguém que se encontra fora da razão e do equilíbrio emocional.

Todos esses conselhos geram bons relacionamentos, mas não são o suficiente. Atenção, você que está noivo: aproveite cada oportunidade de perceber o comportamento dos pais da pessoa com quem você quer se casar e use seu tempo juntos para eventualmente conversar sobre isso. Por exemplo, observe de que maneira seu sogro trata a sua sogra. Se for inapropriada, algo que o incomoda, não se furte a comentar e manifestar a sua opinião. Não deixe passar a chance de seu noivo saber que você desaprova aquilo e que nunca desejaria ver isso no relacionamento de vocês. Observe a reação dele e conversem muito sobre a questão. Não permita que o silêncio domine. A manifestação de sua opinião nesse exato momento ajudará a moldar como será o trato na relação. Por outro lado, a omissão abrirá uma lacuna interrogativa que se esclarecerá apenas mais tarde. Só que, aí, poderá ser tarde demais.

5

Uma boa palmada não mata, não é?
Como meu futuro cônjuge quer criar seus filhos?

Não se pode falar de educação sem amor.
Paulo Freire

Lembro-me de certa vez em que alguém de meu círculo familiar falava sobre como disciplinava seus filhos. Ela sempre dizia a frase "Umas boas palmadinhas não vão matar ninguém". Também creio que não vão matar, mas me preocupava a atitude de enxergar as palmadas como a saída para qualquer situação que exigisse disciplina.

Essa é uma das áreas que exigem dos casais muita conversa, para que conheçam bem o ponto de vista um do outro e cheguem calmamente a um consenso. Certa vez, em uma sessão de aconselhamento, perguntei ao jovem casal o que eles achavam sobre disciplina de crianças. Foi curioso, pois, com toda a convicção, os dois balançaram a cabeça ao mesmo tempo: um positivamente e o outro negativamente. Fiquei quieto, enquanto se entreolhavam, percebendo a discordância entre eles. Ao mesmo tempo que um disse: "Você concorda?", o outro disse: "E você, não concorda?".

Aquele casal namorava havia anos e estava a algumas semanas de se casar. Mas, ao que parecia, nunca tinha discutido sobre a maneira de educar seus filhos. Na maioria das vezes, se casar implica multiplicar. Quando as criaturinhas lindas e travessas entram em nossa vida, precisamos estar prontos. Para alguns, isso parece ser como brincar de bonecas, mas é bem diferente.

Todos nós, que nos casamos e queremos ter filhos, desejamos também ensinar-lhes caráter e criá-los com saúde e confiança. Mas vivemos sob um bombardeio de conselhos e influências variados. A maioria leva em direções extremas, do supercontrole ou da superproteção. Na minha experiência com casais, escuto afirmações que me incomodam. Por exemplo: "Quando nosso bebê de 3 meses chora no quarto, nós nunca vamos lá; ele pode chorar à vontade. Vamos quando entendemos que é a hora, e não quando ele achar isso, para que nunca pense que tem o comando e que nos controla. Somos nós que decidimos quando devemos ir ou não. Não queremos que ele seja egoísta, autocentrado. Se fizermos isso, estamos reforçando o seu comportamento manipulador e esse choro é o choro de um egocêntrico, pecador que precisa ser restaurado. Temos de quebrar sua vontade". Vi um garoto de 10 anos ficar chateado e passar a gritar para sua mãe: "Eu te odeio. Eu não gosto de você". Os pais não disseram nada. Ficou aquele silêncio, e depois a mãe disse: "Eu fui tão reprimida na infância que fico muito feliz por ver que o Júnior está aprendendo a lidar com seus sentimentos de ira e vergonha. E por isso eu permito que ele expresse sua autenticidade e transparência".

Existem famílias cujas crianças nunca podem assistir à televisão, e outras em que há um aparelho de TV no quarto da criança desde os 6 anos, sem limites, supervisão nem controle. O que vejo aqui é a necessidade de equilíbrio e sabedoria, onde possamos ter um prumo e para educar as crianças com valores e com a ajuda de Deus.

É importante observar o tempo em que vivemos, os prós e os contras de cada uma de nossas atitudes em relação ao comportamento de nossos filhos e como reagiremos diante da ampla variedade de teses que existem sobre a maneira pela qual se deve educá-los. Uma rápida consulta bibliográfica nos porá diante de muitas informações que trazem argumentos científicos ou narram experiências de algum tipo de educação. Nesse caso, favoráveis ou desfavoráveis à inclusão das palmadas como rotina na educação dos filhos. O que entendo é que, em ambos os casos, existem exageros que devem ser percebidos pelos pais, pois eles é que aplicarão a disciplina aos filhos.

Da mesma forma que existem livros, psicólogos e terapeutas que defendem ardentemente uma educação onde a palmada deve estar de alguma forma presente, existem outros profissionais do mesmo gabarito que se posicionam contra qualquer tipo de método que sugira violência no processo educativo. As pesquisas, mesmo que empíricas, mostram que a maioria da população aprova a palmada como método disciplinar, mas seria esse argumento suficiente para enveredarmos por esse caminho? Sugiro aqui o equilíbrio.

Três perguntas

Antes de discutirmos o método que se deve aplicar na educação dos filhos, precisamos observar que eles surgem de um homem e uma mulher que entre si se relacionam, interagem, respondem a impulsos, tomam atitudes e que vão inserir nessa educação tudo o que ao longo da vida os influenciou. Portanto, a outra face da questão se encontra nos casamentos disfuncionais, que possivelmente vão gerar filhos disfuncionais. São homens e mulheres que decidiram se casar e ter filhos sem nunca pensar, ler ou estudar as possibilidades. Simplesmente acham que se casaram e chegou a hora de ter filhos. Quando falamos sobre educação das crianças, não começamos por métodos ou teorias, mas, sim, pelo relacionamento dos pais. Divido esta seção em três perguntas:

a. Nosso casamento é sólido o suficiente para suportar as pressões de ter e criar filhos?

Será que todos os casais estão prontos de fato para ter filhos e criá-los? Não me entenda mal, mas, diante do despreparo e do descaso com qualquer preparação, talvez seja tempo de pôr uma decisão de tamanha magnitude sob cuidadosa atenção. É importante analisar bem antes de decidir engravidar logo após o casamento. De antemão é bom lembrar que casais recém-casados sofrem uma forte pressão em diferentes áreas. Uma delas é a de ter filhos. Sogros e pais querem ser avós e, se ainda não o são, em sua maioria não deixarão o filho em paz até que essa experiência seja promovida na vida deles. Não ceda, pense bem e promova a análise que propus para chegar a uma decisão madura. A situação emocional e financeira, por exemplo, tem grande peso, entre outros aspectos. Você pode concordar que engravidar cedo demais é prejudicial, mas também de nada adianta esperar muitos anos se não se preparar para isso.

A questão também não tem necessariamente a ver com o fato de o casal querer aproveitar mais um ao outro, mas com o preparo para receber um bebê em casa e cuidar dele de modo que seja uma bênção de Deus. Posso estar indo longe demais, mas creio que há casos em que certos casais deveriam optar por não ter filhos. Por quê? Primeiro, porque o mundo de hoje é bem difícil. Segundo, porque os pais atualmente tendem a ser muito mais feridos e marcados do que os de outros tempos. Deixe-me explicar. Criar uma família de cinco filhos, uma sogra e agregados custava aos meus pais muito menos do que me custa criar dois filhos hoje. Meu pai era militar da aeronáutica, morávamos em uma vila afastada, sem asfalto, sem tráfego, e os maiores perigos talvez fossem uma cobra no mato ou cair de uma árvore. Eu podia brincar na rua, andar só, pescar na praia madrugada adentro e voltar para casa caminhando cerca de um quilômetro. Eu não sabia nada do mundo, a revista da moda era *O Cruzeiro*, não tinha *Caras* ou *Playboy*. Não havia novelas perniciosas. Minha comunidade eram meus amigos da rua, e não o Facebook ou outra rede social. As conversas depois do jantar ocorriam na calçada, cara a cara, e não num bate-papo virtual. Meu sono era tranquilo, e as traquinagens que incomodavam minha mãe se resumiam a dormir sem tomar banho ou não fazer a lição de casa. Eu queria ter sido pai naquele tempo.

Hoje você tem dois filhos, e eles têm quinhentos amigos em sua comunidade virtual. A maioria deles você nunca viu. Um pode ser pedófilo ou criminoso. Dialogam com gente de todo o mundo, e sua filhinha de 12 anos pode estar namorando virtualmente um suíço ou um dinamarquês que em breve pode bater à sua porta dizendo que a ama. A bicicleta deles se enferruja no seu prédio, pois não têm onde andar. Na calçada ninguém fica porque pode ser assaltado ou morto, uma bala perdida pode achar você em qualquer lugar e o ônibus que ele toma para voltar da escola corre o risco de ser assaltado. Aquele tênis que ganhou no Natal pode ser roubado. Incomoda-me ter de dizer ao meu filho todas as vezes que, se for sair de casa, não deve levar nada, a não ser o dinheiro e a carteira de identidade. O que eles veem na TV são lições de perversidade e ódio. Os programas têm valores terríveis. Nas *lan houses*, aprendem a matar com armas poderosas, e a internet dá fácil acesso à pornografia. Os tempos são difíceis. Isso é um fato.

Quando meu pai chegava em casa cedo, tomava café e, depois, se sentava na calçada para conversar. Minha mãe estava lá, assim como a maioria dos vizinhos. Hoje, na maior parte das vezes em que você chega em casa, seu filho já está no terceiro sono ou ocupado demais com a sua comunidade virtual. Os adolescentes de minha época saíam numa noite para uma festinha onde bebida era raro. Lá íamos paquerar e dançar e, ao fim, voltávamos para casa a pé, contando as aventuras da noite. Hoje a coisa é diferente, e o que acontece é ameaçador: a bebida é liberada, e quem não bebe é fraco. Sexo é livre, e ficar com muitas pessoas numa noite não só é comum, como dá prestígio. O consumo de drogas e a facilidade de obtê-las surpreendem e assustam.

Quarenta anos atrás cantávamos *I wanna hold your hand* ("Quero segurar a sua mão"); hoje a música que toca é "Eu quero sexo com você". Vivemos em um tempo difícil e muito diferente. Criar uma família nesse contexto é algo que deve ser pensado e trabalhado. Um casamento hoje precisa ter bases para criar filhos. Isso é consenso entre todos os especialistas. Por isso a pergunta: seu casamento é sólido o suficiente?

As estatísticas no Brasil já mostram resultados dessas mudanças. As mulheres estão adiando a maternidade. O Instituto Brasileiro de Geografia e Estatística (IBGE)[1] constatou mudanças no padrão de fecundidade dos brasileiros, que antes era bem maior nas mulheres entre 20 e 24 anos. A proporção de mães entre os 30 e os 39 anos chegou a 24,8% em 2009, contra 21,1% dez anos antes. Cresceu a quantidade de mães com mais de 40 anos — de 1,9% para 2,3%. Mas a maior ocorrência de nascimentos ainda está na faixa das mulheres entre 20 e 24 anos, apesar da queda, no período de uma década, de 30,8% para 28,3%. Lembre-se de que cada pequeno ponto percentual representa milhões de pessoas.

A ordem bíblica para o casamento é: "O homem deixará pai e mãe e se unirá à sua mulher, e eles se tornarão uma só carne" (Gn 2.24). Mas, além de se unir, existem pelo menos duas áreas em que os casais precisam estar bem firmados: a emocional e a afetiva. Emocionalmente, vemos que as feridas das pessoas em nossos dias são bem maiores do que no passado, pois as ameaças são muito maiores. Emoções significam perturbações causadas por medos, surpresas ou mesmo alegrias. Os medos e, especialmente, as surpresas têm sido mais frequentes nos dias de hoje, e isso tem causado muitas feridas. Seja em experiências de violência urbana, seja pela competitividade destes tempos. Tudo isso compromete muito mais nossa vida emocional do que comprometeu as gerações anteriores.

b. Processamos nossas feridas o suficiente para não passá-las aos nossos filhos?
Como você foi criado? É importante saber isso, porque a maneira de que você foi criado pode ser determinante no modo como vai criar seus filhos. Mas preste bem atenção: eu disse *pode*. Naturalmente não é algo determinado, mas, quando entramos na paternidade de maneira intuitiva, no impulso, sem reflexão, isso inevitavelmente ocorre. Além disso, durante a sua vida você deve ter acumulado feridas. Se não se libertar delas, em um processo de cura, a carga negativa será passada adiante para seus filhos, com consequências negativas. Só que um bastão quebrado não pode ser passado adiante.

Certa vez hospedei uma pessoa em minha residência durante alguns dias. Depois de certo tempo, ela veio a mim e disse:

— Miguel, estou observando como o seu relacionamento com seus filhos é afetivo, emocionalmente sadio, como vocês se abraçam, como parece haver um relacionamento bom. Minha família não é assim, eu sou distante de meus filhos, não sei beijá-los, abraçá-los, conversar com eles, não sei quando joguei com os meninos, a não ser por pura obrigação. Tenho muita dificuldade de expressar meus sentimentos, e eles nunca me viram emocionado.

Eu lhe perguntei qual seria a causa dessa situação. De pronto, me respondeu:

— Meu pai foi a pessoa mais distante de minha vida, nunca participou de nada e, quando eu saí de casa, o contato foi mínimo.

Com os olhos cheios de lágrimas, ele disse:

— Eu nunca soube o que é esse amor e transmiti essa aridez na relação com meus filhos.

Tempos depois, ele me hospedou em sua casa e percebi que, de fato, eram pessoas distantes que compartilhavam a mesma residência.

Conheço indivíduos que são rudes com seus filhos. Tudo é motivo para surra. Eles os desmoralizam e os tratam como se estivessem em um quartel militar. Normalmente, esse comportamento é resultado da maneira com que foram tratados e tende a ser passado adiante. Mas esse bastão tem de parar de ser transmitido. Lembre-se do que Paulo escreveu: "Pais, não irritem seus filhos, para que eles não desanimem" (Cl 3.21).

Vocês estão preparados para receber essa criaturinha trabalhosa que pretendem pôr no mundo? O que vocês têm feito com suas feridas? Pessoas machucadas machucam os filhos. Você já resolveu aquela questão dos maus-tratos de seus pais, da impaciência e tantas outras coisas? Se não resolver isso, o bebê que agora está em seus braços será um saco de pancadas para suas frustrações. Não tenha filhos ainda se suas feridas não estão curadas ou racional e espiritualmente administradas.

c. **Estamos prontos para, como casal, pagar o preço de ter e criar filhos?**
Para ter filhos, o preço não é tão alto. São nove meses de gestação, três meses de enjoo, um plano de saúde em dia e, aí, chega a criança. Mas para criar filhos o preço é elevado. O custo financeiro, em si, fica na casa das centenas de milhares de reais. Mas isso é pouco, diante do preço imaterial pago, que inclui ser companheiro, amigo, parceiro, confidente. Compromisso pleno de pai e mãe. Isso significa um custo em paciência, moderação, sacrifício, prioridades. Mas as recompensas são enormes e lhe darão muitas alegrias, como a que o apóstolo João exprimiu em sua segunda epístola: "Ao encontrar alguns dos seus filhos, muito me alegrei, pois eles estão andando na verdade, conforme o mandamento que recebemos do Pai" (2Jo 4). Quero motivá-lo a pagar esse preço ao lhe apresentar um pouco das verdadeiras recompensas. Algum tempo atrás li o texto a seguir, que exprime bem o que ganhamos ao investir tanto em um filho.

- Direito de dar nomes.
- Olhares de Deus todos os dias.
- Risadinhas debaixo das cobertas todas as noites.
- Mais amor do que seu coração pode suportar.
- Beijos jogados no ar e abraços carinhosos.
- Infinitas admirações por pedras, formigas, nuvens, biscoitos, cachorros, gatos, etc...
- Uma mão para segurar, normalmente suja de geleia ou chocolates.
- Um parceiro para fazer bolhas de sabão, soltar pipas.
- Alguém para fazer você rir como bobo, não importa o que seu chefe tenha dito ou como as bolsas de valores se comportaram nesse dia.

[...] você não precisará crescer nunca. Você deve:
- Ter os dedos sujos de tinta,
- modelar objetos,
- brincar de esconde-esconde,
- ouvir músicas da Xuxa, e
- nunca deixar de acreditar em Papai Noel.

Você terá uma desculpa para:
- Continuar a ler as Aventuras do Ursinho Puff,
- assistir a desenhos animados ao sábado pela manhã;
- assistir a filmes da Disney, e
- fazer pedidos a estrelas.

Você recebe molduras de arco-íris, de corações ou flores sob ímãs de geladeira, conjunto de mãos impressas em argila para o Dia das Mães, e cartões com letras viradas ao contrário no Dia dos Pais.

[...] não há outro jeito mais fácil de ficar famoso. Você é um herói apenas por:
- recuperar uma pipa do telhado da garagem,
- retirar as rodinhas da bicicleta,
- remover uma farpa do pé,
- encher uma piscina de plástico,
- fazer bola de chiclete sem estourar,
- ir a parques de diversões e voltar exausto...

Você tem lugar na primeira fila da "história" como testemunha:
- dos primeiros passos,
- das primeiras palavras,
- do primeiro sutiã,

- do primeiro namoro, e
- da primeira vez atrás do volante de um carro.

Você fica imortal. Você tem um novo braço na sua árvore genealógica e, se tiver sorte, uma longa lista de membros no seu obituário, chamados netos e bisnetos.

Você recebe formação em psicologia, enfermagem, justiça criminal, comunicação e sexualidade humana que nenhuma faculdade pode lhe dar.

Aos olhos de uma criança, você localiza-se logo abaixo de Deus.

[...] Você tem poder para:
- Curar um choro, espantar os monstros que estão debaixo da cama, remendar um coração partido, policiar uma festa sonolenta, cultivá-los sempre e amá-los sem limites.

E assim algum dia, eles, como você, amarão sem medir os custos. É um excelente negócio [...].[2]

Assim, algum dia, eles, como você, amarão sem medir os custos. E isso é um excelente negócio. Passar um bastão assim sai muito barato para todos!

Bater ou não: um breve olhar nas Escrituras

Muitos grupos cristãos insistem em dizer que a Bíblia manda bater nas crianças como método pedagógico. Será que é isso mesmo? O que observo é a ausência de um senso crítico ao se formar uma opinião sobre a questão. Nem sempre percebo uma análise mais profunda e cautelosa quando se decide que tipo de disciplina será usada na educação dos filhos. Vamos ver o que as Escrituras dizem a esse respeito.

Os textos que falam sobre usar a vara como medida disciplinar são, dentro da perspectiva cristã, os registros mais antigos acerca do assunto. No entanto, a vara de um pastor não espanca a ovelha, nem sequer bate nela, apenas ajuda a conduzi-la. Numa observação mais cautelosa, temos de convir que os textos no livro de Salmos são, pelo menos, ambíguos a esse respeito. A certa altura, o salmo 23 vai falar de uma vara e um cajado que nos protegem no vale da sombra da morte: "Mesmo quando eu andar por um vale de trevas e morte, não temerei perigo algum, pois tu estás comigo; a tua vara e o teu cajado me protegem" (Sl 23.4). Essa ideia dista enormemente do salmo 89, que sugere castigo e punição: "... com a vara castigarei o seu pecado, e a sua iniquidade com açoites" (Sl 89.32).

Há ainda outros textos que mencionam o uso da vara, com destaque para alguns do livro de Provérbios (Pv 22.15; 23.13-14; 29.15). Eles mencionam a aplicação de uma rígida disciplina pela utilização de uma vara. É importante, porém, que se leve em consideração que estamos falando de métodos, de usos e costumes, e não de doutrina. Não há uma doutrina de educação disciplinar na Bíblia. Há, sim, princípios, e o básico é que deve haver disciplina. Métodos e costumes mudam com o tempo. Na dispensação da graça, da qual nós somos herdeiros fiéis, o Novo Testamento fala que os pais não devem irritar os seus filhos. Trata-se de outro tipo de relacionamento. "Pais, não irritem seus filhos, para que eles não desanimem" (Cl 3.21). No contexto, esta palavra "irritar" traz a ideia de ser submetido a regras e pressões constantes que levem as pessoas — no caso, as crianças — a um comportamento indevido. No pouco que se fala sobre isso, o Novo Testamento passa a ideia de respeito pela pessoa da criança.

Apelar para métodos de agressão física não seria semelhante a defender a volta do uso da palmatória? Esse objeto, introduzido no Brasil pelos padres jesuítas, foi abolido na década de 1960 e, com o Estatuto da Criança e do Adolescente, sua aplicação passou a ser considerada crime. Isso sem falar do conhecido método de se ajoelhar em cima de grãos de milho e similares. Em seu tempo, os pais que tinham filhos submetidos a esses sistemas eram bem resolvidos e concordavam com as práticas, hoje consideradas grandes absurdos. Mesmo assim, muita gente ainda defende o uso da violência como solução pedagógica.

Por outro lado, seria igualmente imprudente usar os mesmos textos bíblicos para a defesa de uma educação liberal, sem qualquer tipo de repressão — supostamente baseada em compreensão e amor. Podemos observar o relacionamento de Davi com seu filho Absalão, um bom exemplo de complacência irresponsável. Esse é o caso de um pai que não soube disciplinar, tomar as rédeas, corrigir os rumos ou ensinar. O resultado foi um filho rebelde, sem qualquer tipo de limites.

Não me proponho a fazer aqui uma exegese sobre o uso da vara segundo exposto na Bíblia, mas despertar em cada um de nós o desejo de analisar as Escrituras Sagradas sob um ponto de vista racional e não simplesmente fazer uso de textos isolados — e, muitas vezes, fora do contexto — para defender nossas posições ou para procurar um caminho mais fácil. E isso vale para uma postura contra ou a favor de uma educação onde a palmada esteja presente. Todavia, podemos e devemos usar as passagens bíblicas para afirmar que filhos devem ser criados com disciplina e que ela nunca deve estar ausente na educação.

Pastoreio de crianças

Casais cristãos devem focar a sua preocupação no pastoreio das crianças e dos filhos. Devo lembrar, porém, que essa é uma tarefa que exige dedicação e paciência, pois dá trabalho.

Nem sempre os pais estão dispostos a empreender esse tipo de esforço, especialmente pelo ritmo de vida em que vivem, pela exaustão com seus problemas profissionais e financeiros, pelo pouco tempo de que muitas vezes dispõem para se dedicar aos filhos e dar-lhes uma educação mais adequada. Diante dessa pressão moderna, toma-se a atitude mais conveniente, que, nesse caso, pode ser uma disciplina rígida de palmadas ou uma liberalidade irresponsável. Com isso, o tão necessário equilíbrio torna-se ausente.

O pastor, autor e conferencista Ted Tripp escreveu sobre o pastoreio das crianças e procurou abordar a educação de filhos sob essa perspectiva. Seu livro *Pastoreando o coração da criança*[3] enxerga os pequenos sob a perspectiva de suas necessidades básicas, a partir de uma visão bíblica. É uma obra que recomendo fortemente. Tripp argumenta, com base no que percebe das Escrituras, que a criança precisa essencialmente se sentir amada, ser aceita como é, ter segurança, ser valorizada (elogios), submeter-se a disciplina, e conhecer e amar a Deus. Tudo isso deve ser ministrado à criança em meio ao que ela experimenta diariamente, seja no convívio com amiguinhos, seja na escola e, infelizmente, até mesmo por meio da mídia corrompida e tendenciosa.

Uma criança hoje está exposta constantemente às crises da sociedade e enfrenta problemas como: violência familiar e escolar; abandono; rejeição; divórcio dos pais; abuso físico, emocional e sexual; alcoolismo no lar; ocultismo; e, além de tudo isso, uma terrível inversão de valores que contrapõe o cristianismo e sua cosmovisão a uma cultura pecaminosa cada vez mais acentuada. O mundo, de forma quase autoritária, diz que devemos ser politicamente corretos. Oponho-me, decididamente, a essa linha de pensamento. Essa tendência é claramente visível nas posições, em especial, dos adolescentes. Minha postura é ministrar que não temos de ser politicamente corretos, mas simplesmente corretos.

Nesse sentido, não basta entregar nossos filhos ao processo educacional da escola e muito menos ao da igreja. Em um cálculo rápido, vemos que eles são expostos semanalmente a cerca de uma hora de ensino cristão em ambiente eclesiástico, e a pelo menos 35 horas de televisão. Se não houver a participação dos pais nesse pastoreio do coração deles, a luta se tornará inglória e dificilmente será vencida.

Recursos disponíveis

Recentemente eu estava em uma conferência para casais e passei pelo setor de livros. Parei um pouco e me ocorreu que vivemos um momento na história em que só permanece leigo nos assuntos *casamento* e *família* quem, de fato, não tem interesse por se atualizar e se informar. Tentei contar os títulos de bons livros, autores reconhecidamente valorosos, assuntos dos mais importantes — que iam desde as linguagens do amor, por exemplo, até o relacionamento com as sogras, passando por comunicação com filhos, sexualidade e praticamente todos os temas que podem, em muito, ajudar um casal a constituir uma família equilibrada. Realmente me impressionei com aquela variedade de bons títulos.

Minha época de namoro e preparação para o casamento foi bem diferente. Ao contrário de hoje, havia uma ausência quase total de livros que de fato ajudassem a adquirir uma melhor compreensão do casamento, do relacionamento conjugal, da sexualidade e de qualquer outro aspecto. O livro mais procurado e quase único se chamava *O ato conjugal*,[4] que cumpriu o seu papel e ajudou muita gente a entrar no casamento mais preparado.

Em seguida vieram os livros do pastor Jaime Kemp, com destaque para *Eu amo você — Namoro, noivado, casamento e sexo*,[5] mas nem de perto se compara ao bom leque de opções de que hoje dispomos no mercado literário evangélico e também secular. Essa literatura constitui grande ajuda aos novos casais e mesmo aos que já estão casados. No entanto, o que percebo em muitos casos é que as pessoas têm a tendência de não investir em um crescimento direcionado nessa área. Não são muitos os que assumem que precisam de ajuda, e muito menos os que buscam auxílio. Há a postura de que paternidade e vida a dois se aprende no dia a dia ou, simplesmente, se repete o que se viveu nas famílias de origem. Mas tenho dificuldades de perceber o real interesse dos casais em crescer a partir da leitura e da busca de conhecimento nessa área. Não digo que não existe, percebo até que tem crescido o interesse, mas ainda é algo longe do ideal. A tendência é que as atitudes sejam tomadas de maneira empírica, sem bases comprovadas.

Existe também uma gama de informações que não estão necessariamente vinculadas à literatura evangélica ou cristã, mas que podem ajudar no processo de educação dos filhos. A polêmica entre bater ou não bater, rigidez ou liberalismo, diálogo ou castigo físico sempre existirá. Não creio que essa questão se feche facilmente. A discussão sempre estará no campo da posição estabelecida a partir de valores — sejam eles herdados ou adquiridos ao longo da vida.

Recentemente o livro *Tapa na bunda*,[6] da terapeuta infantil Denise Dias, causou muita polêmica nessa área. A obra trouxe informações e reflexões sobre a "palmada pedagógica", como ela mesma chama, mostrando que essa prática não significa necessariamente violência. Escutei algumas entrevistas da autora, li outras e analisei partes de seu livro. Posso dizer que temos o dever de nos expor a diferentes pontos de vista. Denise afirma que existe uma diferença abissal entre uma palmada leve na bunda e uma sessão de espancamento como as que ocorrem em muitas famílias — inclusive dentro do ambiente cristão.

Ela afirma que considera um absurdo a criação de legislações voltadas a punir pais que dão uma simples palmada numa criança. A tese de Denise, que, de certa forma, faz sentido, é que a geração de pais na faixa dos 35 a 40 anos está desorientada, porque cresceu sob a égide do liberalismo. Seus pais eram do tipo "façam o que quiserem" e assim fizeram porque eles mesmos cresceram sob uma rígida disciplina familiar, uma vez que em seu tempo os pais eram bastante conservadores. Para não repetirem o que sofreram, partiram para o outro extremo, que é a ausência de disciplina.

Em entrevista ao *site gazetaonline*,[7] ela dá a sua orientação:

> Buscar o equilíbrio. Os filhos se colocam no lugar de filhos quando os pais se colocam no lugar de pais. É óbvio que os pais mandam nos filhos. Hoje, o que acontece se você pega uma criança de 8, 9 anos de idade, e a solta na rua? Ela morre. Ela não sabe aonde ir, não sabe em quem confiar, não sabe o que deve e o que não deve comer... O filhote do ser humano é o bicho mais dependente dos seus pais, e o que mais demora para atingir maturação e independência com segurança. E se os pais não conseguem dar segurança aos filhos, quem vai dar? Ninguém. Vivemos numa sociedade com cada vez mais desvios, abusos — e nesse caso me refiro também à vida irresponsável que muitos jovens estão tendo hoje, inclusive de não se cuidar sexualmente, usando camisinha, porque acham que nada lhes vai acontecer.

Nem sempre os cristãos estão disponíveis para observar e mesmo aprender com a experiência de pessoas que não sejam da mesma fé. Essa é uma fraqueza nossa. A Bíblia sem dúvida tem as respostas para todas as coisas, mas em muitos casos se faz necessário reconhecer que, quando se trata de princípios, é importante abrir mais o leque e perceber que a ciência evoluiu e tem ajudado a compreender os próprios princípios bíblicos.

O QUE EU PENSO (COM QUE VOCÊ NÃO PRECISA CONCORDAR)

Uma das coisas que não suporto é quando vejo uma entrevista, leio um livro ou assisto a uma palestra sobre um tema polêmico e o autor ou o conferencista tergiversa para não transparecer sua postura diante do assunto. Não gosto disso absolutamente. Entendo que manifestar sua opinião faz parte do processo educativo e é mais uma ferramenta que pode colaborar para a formação de visão do ouvinte. Por outro lado, não suporto quando alguém fecha uma questão polêmica afirmando sua opinião como a verdade absoluta. É importante ser objetivo e evitar o politicamente correto.

Faço questão de relatar minha experiência nessa área. Quero deixar claro que não pretendo transformá-la em uma regra a ser seguida; é apenas uma narrativa com informações que devem ser consideradas.

Tenho cinco irmãos. Meu pai foi militar e também professor — profissão que exerceu por 42 anos, dos quais doze como voluntário no Instituto de Cegos de Pernambuco. Inicialmente kardecista, meu pai sempre mostrou valores morais e éticos estáveis. Minha mãe, apesar de ter sido bastante trabalhadora e apreciadora das artes, não teve uma formação acadêmica. Fui bem educado em termos de princípios, nunca tive necessidade de questionar os valores cristãos de minha mãe, evangélica convicta, com raízes fincadas na Assembleia de Deus. Ela deixou essa denominação cedo e retornou à Igreja mais tarde, já na tradição Anglicana, onde se tornou bastante ativa.

No que diz respeito à educação dos filhos, houve certo rigor inicial, que mais tarde se tornou moderado. Especificamente na questão das palmadas, não houve nenhum questionamento quanto à necessidade de usá-las. Minha mãe, mais presente em casa, fazia uso delas de forma esporádica. Meu pai raramente batia, mas quando lançava mão desse recurso temíamos bastante, pois, se chegava a esse ponto, era porque estava muito bravo. Até onde me lembro, aconteceu poucas vezes. Quero mostrar com isso que não fui criado em um lar liberal, mas também não fui educado à base de palmadas e surras. E isso apesar de não ter sido fácil para minha mãe lidar com cinco filhos e instruí-los adequadamente.

Quando passei a formar as próprias opiniões, cresci no gosto pela leitura e aprendi cedo a fazer isso. Meus pais se tornaram avós por conta da gravidez de uma de minhas irmãs, que morou com seu filho em nossa casa por muito tempo. A partir daí, meu pai passou a lidar com o fato de, com idade já avançada, ter de exercer novamente um papel paterno em função das circunstâncias. Isso o levou a reconsiderar muita coisa e a conhecer mais sobre educação. Chamou minha atenção a maneira com que ele se superou na educação de meu sobrinho. Minha mãe, mesmo não acompanhando a jornada intelectual de meu pai, também lidou com o neto de maneira diferente da que fez conosco, seus cinco filhos.

Vi meu sobrinho crescer sem nunca ter recebido uma palmada sequer e se desenvolveu de maneira adequada. Iniciou cedo o gosto pela leitura, cresceu em um ambiente de amor e cuidado, e se tornou logo cedo um garoto exemplar, equilibrado e culto, muito além da média para a sua faixa etária. Hoje é um jornalista competente. Esses fatos, associados com minha evolução na leitura e na busca por informações, me levaram a formar minhas ideias quanto à necessidade de bater em crianças. Mais uma vez, deixo claro que não pretendo usar isso como regra, e sim como relato de uma experiência de crescimento pessoal.

Quando encontrei a pessoa com a qual tinha certeza que passaria o resto de minha vida, decidi que esse assunto deveria ser tratado de antemão. A família de Valéria, minha esposa, tinha a prática da palmada como normal, sem maldade e também sem convicção, mas daquele tipo que afirma simplesmente que "umas palmadinhas não vão matar ninguém". Entendi logo cedo que as palmadas eram totalmente desnecessárias e nos casamos concordando que jamais iríamos usar castigo físico com nossos futuros filhos. E assim foi. Educamos os três desse modo, até que o Senhor tomou um deles para si. Nunca encostei minha mão em um de meus filhos. Por outro lado, nunca deixou de haver disciplina em nossa casa. As punições eram geralmente aplicadas na forma de algumas privações, mas, na maioria das vezes, o que funcionou mesmo foi a conversa franca, os conselhos e, acima de tudo, o exemplo que procuramos lhes dar a partir de nossa vida. Hoje Gabriel está encaminhado na vida profissional, na área de administração, tem uma vida afetiva compatível com a sua idade, é extremamente carinhoso e sempre considera nossa opinião nas suas decisões. Matheus estuda gastronomia, é um jovem saudável, amigo, carinhoso e bastante consciente. Tem princípios fortes, opinião bem formada, lida de maneira exemplar com as finanças e é um filho muito especial. Ele assimila ensinos com facilidade, o que nos deixa bastante satisfeitos.

Se você me perguntasse se eu, em algum momento, desejei usar do recurso da palmada, seria hipocrisia dizer que não.

Sim, desejei, pois é o caminho mais fácil para impor limites aos pequenos. Mas sempre me ocorreu que eu nunca deveria buscar o caminho mais fácil, e sim o que eu entendia ser o mais correto, mesmo que isso implicasse sacrifício. Outro fator que me ajudou foi quando li certa vez um livro chamado *Uma vida para o seu filho*,[8] de Bruno Bettelheim. O autor trabalha o tema da disciplina de uma maneira que a meu ver é bastante racional. Um dos aprendizados que adquiri dessa obra e que pratiquei bastante foi que, no momento da ira pela desobediência de um filho, corremos seriamente o risco de descarregar toda a nossa decepção e frustração em cima deles. Quando vêm as palmadas nesse momento, isso se torna muito prejudicial para ambas as partes. A solução sugerida é que, no instante de crise, apenas sejam tomadas as medidas reparatórias, e a conversa e outras providências ocorram em outro momento, com a cabeça fria e a paciência restabelecida. Sempre apliquei esse ensino em meu relacionamento com eles, retornando aos assuntos nos períodos em que as coisas estavam mais tranquilas. Conversávamos sobre o ocorrido, questionando atitudes e elaborando em cima do que fosse necessário. Funcionou bastante, e recomendo fortemente essa prática. Devo dizer que esse caminho não é o mais fácil nem o mais prático e, por isso, talvez nem sempre seja seguido. Também não digo que é mais ou menos eficiente; apenas, por uma questão de opção e opinião próprias, usamos na educação de nossos filhos. Pelo que eles são hoje, parece ter funcionado.

Meu conselho

Os métodos de educação e disciplina podem ser diferentes. Com o avanço dos estudos e da psicologia, sabe-se quão danosa pode ser uma educação baseada fortemente em palmadas.

Ao mesmo tempo sabemos que os danos causados pela ausência de disciplina são igualmente graves.

Não siga simples e cegamente uma única tendência. Além disso, seja maduro o suficiente para não replicar apenas o que viu seus pais fazerem. Os tempos mudaram e, com ele, todas as influências que recaem sobre a vida de nossos filhos também se transformaram. A todos sugiro uma prática pessoal e disciplinar baseada no fruto do Espírito (Gl 5.22-23). Assim, dificilmente se causarão problemas aos filhos nesse encantador processo de crescimento. Portanto, tome de coração aberto a decisão de educar seus filhos. Mas ainda creio que a maneira mais adequada de criar filhos é ser um casal equilibrado, que demonstra afeto e amor e que está presente em todos os momentos. Assim, acredito, seus filhos crescerão saudáveis. De uma forma ou de outra, nunca se esquive de exercer autoridade e promover a disciplina.

6

Mentira tem pernas curtas, mas até onde ela consegue andar?
Meu futuro cônjuge tem segredos?

A mentira nunca sobrevive até alcançar idade avançada.
Sófocles

Como temos visto aqui, a fase de namoro e noivado tem um propósito claro: o desbravar de uma personalidade, o conhecimento do outro e o desenvolvimento de uma intimidade que leve o casal ao nível satisfatório de cumplicidade, que evoluirá com o tempo e o convívio. Essa cumplicidade pode ser traduzida por transparência e é da maior importância na intensa vida matrimonial que se aproxima. Segredos em um relacionamento serão sempre prejudiciais. Um bom casamento tem de ser, acima de tudo, uma excelente amizade. Somos parceiros e companheiros, e a prática de guardar segredos pode gerar dificuldades.

Primeiro, devemos nos questionar: por que ocultar fatos ou pensamentos? Com que propósito isso acontece? Li uma pesquisa na internet baseada no livro *Os 100 segredos dos bons relacionamentos*,[1] de David Niven, segundo a qual casais que nunca discutem um com o outro têm chances 35% maiores de se divorciar num período de quatro anos do que os que expressam suas discordâncias e têm discussões produtivas. Isso sugere que expor as questões e dialogar será sempre a melhor solução.

Sempre procuro desvendar possíveis segredos que consigo identificar nos relacionamentos durante a fase de aconselhamento pré-matrimonial, mas nem sempre isso é possível. Percebo quando existe algo no ar, pairando sobre a incerteza e vagando no campo da dúvida. Em muitos casos — na maioria deles, eu diria — não vejo o interesse das partes em mergulhar mais profundamente no ser do outro. A opção de alguns é quase não querer tocar nesse vespeiro, e isso reflete o medo de descobrir o outro e se decepcionar.

Uma relação sem transparência é algo temeroso, além de desonesto. Namorados, noivos ou cônjuges que escondem planos, dinheiro e projetos caminham na tênue linha entre verdade e mentira. De maneira geral, relacionamentos que pretendem ser equilibrados não suportam um comportamento desse tipo por muito tempo. Cedo ou tarde esses segredos vêm à tona e, quando não vêm, prejudicam a solidificação de um amor verdadeiro, sincero. Quando falamos de relacionamentos cristãos, podemos afirmar ainda mais veementemente que ocultar é uma atitude que dista do propósito de Deus como o Oriente do Ocidente e, assim, se torna ou mesmo promove a manifestação do pecado na relação. Abre-se espaço para a mentira, que tem origem em Satanás (Jo 8.44). Não temos por que correr esse risco. Tudo o que mais queremos em nossos relacionamentos é a bênção de Deus e sabemos que ela não ocorre por uma simples cerimônia, mas por uma postura coerente com a Palavra. A verdade é a maior virtude e por ela tudo será revelado. Lembremo-nos que Jesus considerou a verdade como libertária: "E conhecerão a verdade, e a verdade os libertará" (Jo 8.32).

Eu diria que esse é um aspecto a ser considerado e, naturalmente, tem muita importância. No entanto, é também essencial considerar as consequências de uma relação baseada em segredos, omissões e mentiras e entender que, de igual modo, há consequências em um relacionamento de transparência e verdade. Quando digo isso, me refiro àquelas pessoas que omitiram e permanecem omitindo fatos, atitudes e comportamentos desde o início e fazem disso uma rotina em sua vida, como também àquelas que optam pela verdade e decidem pagar o preço dessa valiosa atitude.

Esconder verdades fundamentais, guardar segredos veladamente, mascarar intenções, obscurecer planos e deixar a sinceridade passar ao largo da relação são atitudes que não gerarão um relacionamento saudável. Vimos anteriormente que as finanças são um dos principais fatores no desentendimento dos casais. Aqui entra mais uma vez o perigo dos segredos. Muitos cônjuges lidam com o dinheiro secretamente, possuem contas secretas, fazem poupanças e investimentos não revelados ao parceiro. Gente que esconde a etiqueta do preço para que o outro não tome conhecimento dos valores, esposas que economizam na feira para ficar com parte do dinheiro, maridos que investem tudo em um carro em detrimento de outras necessidades mais urgentes. Conheci um casal que tinha um pacto que incluía o direito de total privacidade do telefone celular um do outro — como uma relação dessa pode ser verdadeira?

Naturalmente, podem ser muitas as razões para um comportamento em que a verdade se ausenta com frequência. Um dos fatores bem marcantes nesse particular tem a ver com a insegurança do cônjuge em poder antecipar a posição do outro. Quando se imagina que a reação será contrária, surge ansiedade e dúvida e se opta pela omissão ou pelo falseamento de comportamentos e opiniões. Outra postura é escolher a mentira ou a omissão como alternativa para os momentos de divergência, com a intenção de evitar conflitos. De fato, pode-se até se manter nessa situação por um tempo, mas, quando a verdade vier à tona, logo surgirão conflitos ainda maiores e raízes de amargura. Isso se agrava porque o grau de cumplicidade se tornará limitado, o que prejudica a relação.

Aqui entra mais uma vez a figura da concessão, que, nesse caso, é feita na intenção de preservar a relação. No caso, me refiro à concessão por parte de pessoas que desejam a todo custo manter um relacionamento e que têm medo de comprometê-lo caso revelem hábitos, desejos, planos, projetos, sentimentos e outros elementos. É necessário, porém, entender que estamos lidando com algo muito importante, uma relação que está seguindo para o altar e que um dia será muito mais intensa do que é agora. É mais do que óbvio que as nuanças de nossa personalidade em algum momento da vida matrimonial virão à tona. Em alguns casos, se não tiverem sido resolvidas, poderão, sim, prejudicar a vida a dois. Não é tão incomum encontrar pessoas que escondem aspectos de si mesmas para só revelar depois. Só que esse tipo de comportamento é danoso.

O que percebo também é que, em muitos casos, a mentira ou a omissão ocorrem pelo comportamento passivo do cônjuge, que sabe do temperamento rígido e da postura inflexível do outro. A rigidez — ou o que poderíamos chamar de um comportamento legalista e ausente de graça — pode gerar a postura mentirosa no outro como uma simples defesa. Críticas sistemáticas, posições herméticas e inflexibilidade no comportamento não ajudam no desenvolvimento de uma relação aberta e transparente. De uma forma ou de outra, esse não é o melhor caminho para preservar a relação.

Por outro lado, um comportamento mais descontraído, despido de pré-julgamentos, cheio de graça e recheado de amor e compreensão abre um enorme espaço para uma relação mais verdadeira e transparente — que é, afinal, o que todos desejamos. Mais uma vez, isso tem a ver com a segurança, ou a ausência dela, na vida de alguém. A atitude de que estamos tratando normalmente parte de pessoas que são seguras de si, conhecem seus limites e compreendem os do outro, além de sua capacidade de lidar com eles.

Quando omitir é aceitável

Temos de considerar também se há possibilidade justa de se faltar com a verdade dentro de uma relação. Sei que toco aqui em um tabu, mas me arrisco a dizer que existem fatos verdadeiros que não precisam vir à tona em um relacionamento. A realidade é que já vi verdades relacionadas ao passado de um dos cônjuges prejudicarem relacionamentos. Quando conhecemos Cristo, ele passa uma borracha em nossa vida, tudo se faz novo, e nossos pecados são lançados no fundo do mar.

Não poucas vezes e, em casos específicos, aconselhei cônjuges a deixarem aquele passado enterrado para sempre, por ele não fazer mais parte de sua vida, por não trazer mais nada de positivo, por não acrescentar nada ao momento que viviam e, especialmente, por ser algo superado, vencido, terminado. Para que abrir um baú que já foi limpo pelo poder do Espírito Santo e que não mais dita a vida dessa pessoa? Um baú que pode gerar ansiedade, dúvida e temor na vida do cônjuge? Existem casos que, analisados fria e racionalmente, devem ser esquecidos e deixados para trás.

Situações que se enquadram nesse conselho incluem, por exemplo, alguém que teve, em sua vida de solteiro ou em outro relacionamento, uma atividade sexual que hoje considera, juntamente com seu cônjuge, algo inaceitável. Os detalhes daquela experiência não precisam vir à tona na nova relação que, agora, vive à luz da Palavra de Deus. A revelação em nada contribuiria para o crescimento do casal; pelo contrário, poderia causar mais traumas.

Outro exemplo de algo que deve ficar no esquecimento é um cônjuge que vem de outro relacionamento matrimonial em que adulterou ou viveu em adultério, não sendo, ainda, cristão. Hoje, casado, conheceu Cristo e vive uma nova dimensão da vida e do relacionamento matrimonial, totalmente curado daquele mal. No entanto, seu cônjuge ainda é uma pessoa que luta contra o ciúme. Entrar em detalhes, abrir as minúcias dessas experiências pregressas apenas poderia gerar mais insegurança. Você pode pensar em casos semelhantes que, como eu disse antes, não devem ser trazidos de volta, pois não geram quaisquer benefícios para a relação do casal. Perceba que omiti-los não significa mentir, mas abandonar uma página que não se deseja reabrir em sua vida.

Por outro lado, já lidei com situações em que o casal tinha uma linha de formação bastante distinta e alguns aspectos de sua intimidade foram omitidos, não por maldade, mas por um sincero despreparo. Isso gerou dificuldades que somente foram superadas após um processo terapêutico e o acompanhamento de um profissional. O que quero dizer com isso é que a verdade é importante e libertadora, mas deve ser usada com sabedoria e no momento certo. Por isso é importante lembrar que ela pode trazer consequências, da mesma forma que a mentira por certo as trará.

Quando decido falar a verdade, estou disposto a enriquecer a minha relação, e não simplesmente falar o que quero. Não é um simples desabafo, mas uma atitude também de investimento em um relacionamento mais transparente. Nem sempre isso acontece de forma totalmente pacífica; pode gerar desconforto e até momentos de divergência que durem por algum tempo. Mas, quando o diálogo for mantido e nenhuma das partes decidir que tem de ser "vencedora", quem ganhará será a vida a dois, que se fortalecerá.

Minha esposa era recém-convertida quando a conheci. Vinha de um mundo onde a verdade nem sempre fazia parte das relações e, naturalmente, isso lhe gerava certo grau de insegurança — que levava ao ciúme. Compreendi isso, mas lhe afirmei de início que eu seria verdadeiro todo o tempo e que não tinha motivos para se preocupar, pois eu sempre seria sincero com ela. Claro que ela não se tranquilizou do dia para a noite, mas minha insistência nessa postura e, acima de tudo, meu comportamento, a fizeram ver que poderíamos basear nossa relação nas virtudes da verdade e na transparência. Namoramos assim por quase cinco anos. Esse período, somado aos mais de vinte anos de casamento, formou para nós uma estrutura bastante firme, porque foi um tempo fundamentado no alicerce da sinceridade. Nunca investigamos nossa vida pregressa, nunca desenterramos botijas e nunca forçamos a abertura de baús, mas construímos uma relação na base da verdade.

Isso não significa que não tivemos momentos de discussão, períodos difíceis, épocas em que a dificuldade de aceitar algumas posturas gerou certa incompreensão. No entanto, mais tarde trouxe benefícios, a partir de um espírito não belicoso e da ausência de tentar simplesmente prevalecer. Por isso afirmo que a verdade — dita na hora certa, da maneira certa e com o espírito certo — pode até trazer algum conflito no curto prazo, mas trará benefícios incontáveis a médio e longo prazos. Quando afirmo que a verdade ajudará você a edificar uma relação saudável, quero dizer que ela tem seu valor na medida em que é usada com sabedoria.

############## Meu conselho ##############

A verdade nada tem a temer, enquanto a mentira sempre procura se esconder. Tudo o que é feito em surdina macula a possibilidade de uma relação verdadeira. Não seria isso cavar uma armadilha para a sua relação? Fuja dessa postura e seja transparente. Não se iluda: a mentira terá sempre pernas curtas, e seu relacionamento não caminhará bem com esse tipo de comportamento. Quando você decidir se casar, estará diante de Deus e, em algum momento da liturgia, será solicitado de você que faça votos de lealdade e fidelidade. Ali, sua palavra será empenhada, e suas intenções, afirmadas publicamente.

Mas, pelo que percebemos nos dias de hoje, nem mesmo isso tem evitado que essas promessas se rompam com uma facilidade que impressiona. Atribuo o fato ao fenômeno da ausência de comunicação. Mesmo vivendo na era da tecnologia, continuamos nos comunicando com dificuldade. A família, parte do contexto social, sofre da mesma forma. Seus conflitos se dão em parte por esse hiato de comunicação. O desgaste nos relacionamentos é aprofundado pela comunicação que falha. Portanto, o que poderíamos dizer nesse caso? Comunique-se e expresse seus sentimentos e desejos ao outro. Você precisa investir nesse processo de comunicação — e investimento aqui significa duas atitudes: falar e ouvir. Ida e volta. Saber fazer isso ajudará você a construir uma relação saudável e um futuro casamento equilibrado.

Os elementos do falar e ouvir incluem o conteúdo do que você fala. A sabedoria bíblica diz: "Nenhuma palavra torpe saia da boca de vocês" (Ef 4.29). Isso significa que devemos evitar os aspectos negativos do falar, as inconveniências, e dizer apenas aquilo que edificará todos. Também atente para a forma de falar, que ajuda na compreensão da comunicação. Falar algo correto da forma errada será sempre prejudicial. A ocasião e o lugar de se falar algo também são importantes; nem sempre podemos ou devemos falar determinadas coisas em qualquer ambiente. Por fim, não despreze o tempo certo, pois a Bíblia afirma: "Dar resposta apropriada é motivo de alegria; e como é bom um conselho na hora certa!" (Pv 15.23).

Da mesma forma, o ouvir faz parte do processo de comunicação. Quando não é incluído, traz prejuízos certos. O autor de Hebreus comenta a nossa dificuldade de ouvir: "Quanto a isso, temos muito que dizer, coisas difíceis de explicar, porque vocês se tornaram lentos para aprender" (Hb 5.11). Ouça bem, dê atenção, tenha um coração aberto para ouvir. Porque é nessa dinâmica que a compreensão poderá chegar ao seu relacionamento. O namoro tem também esse objetivo, o de exercitar a boa comunicação e evitar que suas lacunas comprometam a relação e o futuro casamento. Nesse contexto, os segredos se diluem e a transparência cresce com a sinceridade. Isso aponta para uma relação verdadeira.

Portanto, confiança a partir de uma postura coerente, transparência nos atos e nas intenções, planos comuns e previamente acertados, e objetivos programados em acordo são atitudes que ajudam no desenvolvimento de uma relação verdadeira e transparente.

7

Minha fé é algo pessoal. Isso pesa?
No que meu futuro cônjuge crê?

O maior ato de fé acontece quando uma pessoa decide que não é Deus.
Autor desconhecido

A fé de cada um é algo pessoal. Essa percepção aumenta a responsabilidade das partes de um casal em conhecer melhor o outro no que tange à espiritualidade. Em nosso país, o crescimento do número de cristãos evangélicos tem sido significativo. Por outro lado, vivemos a pós-modernidade, que traz consigo a marca da subjetividade. A espiritualidade entra nesse bojo do subjetivo e se percebe um mundo mais crédulo, sem necessariamente estar ligado a alguma religião institucional. Da mesma forma, existe uma tolerância espiritual que gera uma diversidade da fé. Crer em algo hoje não significa necessariamente ser antiquado; a espiritualidade é de certa forma valorizada na sociedade, desde que dentro dos parâmetros da relativização, do individualismo: cada um tem a sua verdade, e existe um tom místico perceptível em diferentes setores.

Quando conheci Cristo, mais de trinta anos atrás, foi uma decisão chocante para muitos de meus amigos. Ser um crente era ser tachado de antiquado, careta, ultrapassado. Hoje, quando afirmo que sou cristão, não vejo a mesma repulsa. Muito pelo contrário, percebo mais respeito, desde que não tente me posicionar como dono de uma fé exclusiva. Tem colaborado para isso o crescente número de pessoas de projeção, como atletas, artistas e intelectuais, que têm professado a fé cristã, uma espiritualidade que entende a existência de um Deus particular. Por isso, vivemos dias de maior credulidade, mesmo sabendo que existe esse caleidoscópio de crenças.

Como viver, em um tempo como este, a realidade de um namoro que olha para a frente na perspectiva de um casamento e não conhece a realidade da espiritualidade do futuro cônjuge? Esse aspecto cresce em importância a cada dia. Em princípio, parece algo simples: basta que cada um viva a sua espiritualidade e respeite a do outro e tudo ficará bem. Mas se o que há de mais importante em minha vida é o meu relacionamento com Deus, os valores de minha fé, eu deveria desejar partilhar isso com a pessoa que amo. Logo, sim, é um fator importante. Se desejamos levar esse relacionamento adiante e olhamos para um futuro casamento, devemos refletir: onde ficará a educação dos filhos? Quem é cristão valoriza muito a questão da família, a unidade familiar, a criação dos filhos nos caminhos de Deus, sua presença na igreja e na escola bíblica, o ensino da Bíblia em casa, a oração com eles para dar graças nas refeições. Isso para falar apenas de alguns costumes que são praticados e que fazem parte do universo cristão. Como isso poderá acontecer plenamente quando uma das partes não professa a mesma fé? É preciso entender que não se trata apenas de respeitar a crença do outro, mas de acreditar que a unidade familiar na fé é um princípio divino, bíblico e inegociável. Durante o namoro, você tem investido tempo em partilhar sua fé e em conhecer ou descobrir a fé do outro?

Sei que alguns defendem que o convívio traz a oportunidade de evangelismo e mudança de mente e coração. Não digo que isso não possa acontecer, mas, mesmo assim, estaremos navegando no mar das projeções e possibilidades. Ao fazermos isso, pomos algo tão sagrado como a nossa fé e o nosso futuro casamento numa dimensão bastante subjetiva. Pela minha experiência, a conversão motivada apenas por um relacionamento é pouco provável de acontecer.

Essa é uma área em que não podemos conviver com concessões. Nossa fé é algo que não negociamos. Lamentavelmente, não é o que tenho visto em alguns dos relacionamentos que acompanhei. Existem muitos argumentos de jovens cristãos sobre esse assunto, como a falta de jovens belos ou disponíveis na igreja em que congregam. Normalmente são argumentos comuns entre aqueles que, para não ficarem sozinhos, acabam se envolvendo com aquele belo rapaz ou com aquela moça bonita, a despeito de que fé o outro professa. A aparência é o que atrai, e, para muitos, alguns dos aspectos que podem ser considerados são a carência de afeto, o medo da solidão e as pressões familiares. Para os meninos, é a "gata do pedaço"; para as meninas, é o "príncipe montado no cavalo branco". Esquecem que o príncipe pode virar sapo ou, pior, pode ir embora e deixar o cavalo branco para ela. Já a gata pode rapidamente pular o muro e desaparecer.

Lido com isso constantemente e poderia citar muitos casos em que houve concessões, com resultados lamentáveis. Lembro-me de uma jovem da igreja que namorava um rapaz. A princípio, ele não professava a fé cristã. Durante o namoro, ele passou a frequentar os cultos com regularidade e a participar dos programas da igreja. Celebrei aquele casamento com paz no coração. Porém, após o retorno da lua de mel, a jovem passou a ir sozinha aos cultos, e ele nunca mais pisou na congregação. O casamento teve outras complicações e, em alguns meses, estava desfeito. O divórcio foi a única saída.

Não há como relevar aquilo que é tão importante, a sua espiritualidade. A Bíblia está repleta de conselhos a esse respeito. Todo zelo é necessário nesse particular. Estamos lidando com uma preciosidade, que envolve bom senso e sabedoria. "Acima de tudo, guarde o seu coração, pois dele depende toda a sua vida" (Pv 4.23); "Não é bom ter zelo sem conhecimento, nem ser precipitado e perder o caminho" (Pv 19.2).

Além de tudo isso, existe a recomendação de Paulo sobre o que ele mesmo chama de *jugo desigual*. O apóstolo considera que os relacionamentos entre cristãos e não cristãos não está dentro do perfeito plano de Deus.

> Não se ponham em jugo desigual com descrentes. Pois o que têm em comum a justiça e a maldade? Ou que comunhão pode ter a luz com as trevas? Que harmonia entre Cristo e Belial? Que há de comum entre o crente e o descrente? Que acordo há entre o templo de Deus e os ídolos? Pois somos santuário do Deus vivo. Como disse Deus: "Habitarei com eles e entre eles andarei; serei o seu Deus, e eles serão o meu povo".
>
> 2Coríntios 6.14-16

O jugo que aqui é mencionado por Paulo é uma alusão às cangas que são colocadas nos animais de tração, como, por exemplo, cavalos, jumentos, mulas e bois. Jugo desigual é o mesmo que você pôr um puro-sangue de um lado da canga e um jegue do outro. Eles terão muita dificuldade de puxar a carroça, pois o puro-sangue, muito mais potente, sairá à frente, e o outro animal, naturalmente mais fraco, não conseguirá acompanhar o ritmo. Essa composição não terá futuro e seguirá fora do compasso.

Jugo desigual nos relacionamentos significa que, se uma das partes for um cristão, será muito difícil que seu parceiro o acompanhe naquilo que, para ele, é o que há de mais importante: a sua espiritualidade. Na língua portuguesa, "jugo" também está relacionado a sujeição, opressão. Ou seja, não se deve sujeitar-se a alguém que não tenha fé ou tenha uma fé que se contraponha à sua. Isso pode parecer uma mentalidade fechada, mas, por experiência, garanto que é assim mesmo que funciona. Como já mencionei, falo por ter vivenciado e acompanhado casos do gênero, que levaram a um desequilíbrio no relacionamento — quando não ao fim dele.

É preciso estar atento para o fato de que não estamos falando de casamentos interdenominacionais, mas, sim, de uma pessoa que conhece Deus e anda com ele e outra que não o conhece ou até mesmo o despreza. É fato que Paulo afirma aos coríntios que "o marido descrente é santificado por meio da mulher, e a mulher descrente é santificada por meio do marido" (1Co 7.14). Mas esteja atento ao contexto. Não pretenda nunca usar isso como pretexto. Nesse caso, o apóstolo trata de relacionamentos já existentes, e não de novas iniciativas.

Ao falar do jugo desigual, na realidade Paulo está seguindo mandamentos estabelecidos muito antes. Se lermos Deuteronômio 7.3-4, veremos isso. Perceba no texto a preocupação divina: "Não se casem com pessoas de lá. Não deem suas filhas aos filhos delas, nem tomem as filhas delas para os seus filhos, pois elas desviariam seus filhos de seguir-me para servir a outros deuses e, por causa disso, a ira do SENHOR se acenderia contra vocês e rapidamente os destruiria".

A preocupação bíblica naquele contexto chega até nós milhares de anos mais tarde com a mesma força. Estamos falando de assimilação. A história do povo hebreu mostra que a disciplina de se manter sempre sob o mesmo jugo os livrou de praticamente desaparecer da face da terra. Até hoje, um grande número de judeus mantém esse princípio bíblico, na certeza de que está preservando a fé e a identidade de seu povo.

Há de se compreender, porém, que o jugo desigual não ocorre apenas nas questões da fé, e sim em todas as demais áreas dos relacionamentos. Até mesmo nos negócios. Pontos de vista diferentes podem ser administrados, mas, quando a diferença se concentra nas questões essenciais, tudo fica muito mais difícil. Um sócio que tem como prática sonegar impostos não será um bom parceiro de alguém que insiste em ser um fiel pagador dos seus impostos.

Nos relacionamentos amorosos, essas diferenças têm de ser vistas do ponto de vista racional, e não devemos nem espiritualizar essas coisas nem fazer concessões. O namoro é justamente o período necessário para termos esses aspectos bem esclarecidos e onde podemos nos conhecer melhor. Quem conhece melhor passa a amar mais ou pode também desgostar e entender que aquela relação deve parar por ali, uma vez que não apresenta perspectivas para o futuro. Em qualquer situação, o namoro deve ser permeado por conversas francas, pois, assim, colaboramos para o bem de um relacionamento futuro ajustado e saudável.

·· Meu conselho ··

Continuo crendo e procurando seguir aquilo que a Bíblia nos recomenda. Considero-me flexível quando entendo que existem questões culturais e temporais nas Escrituras. Há, porém, alguns absolutos que a Palavra de Deus nos propõe para uma vida dentro dos planos do Senhor. Concordo com o saudoso bispo anglicano Robinson Cavalcanti, em seu livro *Uma bênção chamada sexo*,[1] quando diz que alguns assuntos — como bestialidade, homossexualidade, prostituição, fornicação, estupro, incesto, adultério, lascívia e o casamento misto, que Paulo chama de jugo desigual — são alguns desses absolutos de Deus. Creio também que a perspectiva de um casamento cristão é edificar uma unidade espiritual. Isto é o que chamo de casamento a três: Deus-marido-esposa. Criem essa unidade espiritual, pois é ela que dará estabilidade ao relacionamento. É uma unidade que acontece por meio de oração, leitura da Bíblia, busca de valores e engajamento na obra de Deus. Mas como tudo isso pode acontecer entre cônjuges que professam crenças religiosas diferentes, ou, ainda, numa situação em que um oprime o outro direta ou indiretamente? Não há como nos contrapormos a isso. Não é somente bíblico, mas é algo factual, lógico.

O que tenho observado é que as argumentações utilizadas para tentar embasar essa postura seguem numa direção equivocada. Escuto justificativas como "Ele não é cristão, mas é um ótimo rapaz". Sim, tudo bem, mas é importante ficar claro que não estamos tratando de caráter ou mesmo de personalidade, mas de unidade espiritual.

Não é raro testemunhar jovens que se afastam de sua vida com Deus, que relegam a espiritualidade a segundo plano quando os sentimentos e as paixões começam a aflorar. Certa vez, conversando com uma pessoa que havia se afastado da igreja, indaguei o que havia acontecido, e ela respondeu: "Estou namorando, e ele não gosta da igreja, por isso tenho me ausentado".

Compreendo que existem necessidades e outros aspectos da nossa humanidade, mas não seria honesto eu simplesmente dizer que está tudo bem, porque, em termos espirituais, não está. Essa pessoa teve seus motivos para fazer essa concessão: o medo de ficar só.

Entendo que há necessidades, carências, desejos incontidos, sonhos e projetos, mas preciso dizer que nada disso justifica uma prática de desobediência que nos trará infelicidade. Preciso motivá-lo a crer que Deus, em sua graça, terá sempre o melhor para você. Por essa razão, o jugo desigual é uma atitude a ser evitada nos relacionamentos cristãos. Sei que para alguns isso parece estar ultrapassado. Não digo que você tem de seguir o que exponho aqui. A opção será sempre sua. Falo pela experiência de quem lida com essas situações e percebe que, na vida real, a história é bem diferente do que imaginamos. Sei que vivemos na dispensação da graça, que não há uma lei a esse respeito que no meu entender deva ser cumprida. Existem, sim, princípios bíblicos, que, como em todos os outros aspectos de nossa vida, quando seguidos com determinação, não podem nos direcionar para outra possibilidade, a não ser uma vida equilibrada.

Por isso, meu conselho é sempre este: não faça de seu namoro, noivado ou casamento uma ferramenta de evangelização. Não busque satisfazer seus impulsos e desejos ou suprir suas necessidades fazendo concessões nessa área. As coisas podem até terminar bem, mas o risco é muito grande. O melhor, sempre, é buscar a direção de Deus.

8

Eu tenho planos, e você?
Qual é o projeto de vida de meu futuro cônjuge?

A hora de consertar o telhado é quando o sol está brilhando.
John F. Kennedy

Planejamento é uma necessidade em todas as áreas da vida. Cada vez mais, estabelecer metas e meios toma conta de tudo: as empresas que não trabalham com um bom planejamento tendem a fracassar, indivíduos a cada dia traçam mais planos e o 1º de janeiro é o dia escolhido para acertar metas e objetivos. Mesmo que frágeis, esses desejos pelo menos têm se aguçado. Não tem jeito: em nossos dias, qualquer instituição que queira prevalecer precisará de um bom planejamento.

A instituição em que namorados e noivos estão se preparando para entrar chama-se *casamento* e é a base de toda a sociedade humana. Perceba, então, a sua importância. Curiosamente, boa parte dos casais com que lido, entre as centenas de minhas práticas de conselheiro, não tem um plano estabelecido para a vida em conjunto. A maioria só sabe se vai ou não ter filhos logo no início. O que observo é que as ideias, além de vagas, são postas numa perspectiva de curto prazo. Isso não significa que, ao nos casarmos, devemos ter um plano arquitetado desde agora até a hora da morte, o que seria inviável e humanamente impossível. A vida é bastante dinâmica para tratarmos com ela nesse ritmo. Mas não planejar pode gerar problemas e, infelizmente, é o que mais ocorre.

Eu costumo repetir uma frase que provavelmente li ou escutei em algum lugar faz tempo: o casamento é um projeto comum de vida. Tento passar isso aos casais que acompanho, porque percebo o nível de individualismo que existe atualmente nessa área em particular. Jovens com carreiras promissoras, por exemplo, entram no processo de preparação para o casamento se protegendo e sem admitir mudanças em seu ritmo de vida, caso alterações signifiquem algo que impeça sua ascensão profissional. Todos têm o direito de planejar sua vida de maneira particular, e isso em si não constitui problema algum. No entanto, falo de uma palavra que, em um relacionamento a dois, maduro e consciente, é muito importante e precisa fazer parte de forma permanente de nosso vocabulário: *partilha*. O namoro se presta muito mais para o conhecimento do que para passar tempo e se divertir. Na realidade, as duas coisas devem andar juntas, pois, em todas as oportunidades, temos a possibilidade de crescer em conhecimento um do outro. Todavia, namorados ou mesmo cônjuges que não dialogam, que não partilham suas ambições ou metas particulares, tendem a ser vistos como egoístas lá na frente, quando manifestam seus planos. Não há dúvida de que isso poderá causar dificuldades no relacionamento.

Não estranho esse comportamento e não poderia estranhar, porque vivo no mundo atual, convivo com pessoas e percebo que ele é fruto de uma competição acelerada promovida pela sociedade. A pressa em conseguir galgar posições profissionais, por exemplo, é resultado de uma redução da idade que as empresas consideram útil ao trabalho. Costumo frequentar restaurantes em intervalos de almoço e observo a grande quantidade de jovens profissionais que assumiram as funções de liderança com idade bem mais reduzida em comparação com alguns anos atrás. No passado, os executivos das grandes empresas eram aqueles senhores de cabelos grisalhos que acumularam experiência de anos e anos na mesma companhia, o que não acontece hoje. Dentro desse contexto, escolhas precisam ser feitas — cada vez mais cedo —, e umas delas envolve a família. É bem possível que gere dificuldades conciliar um núcleo familiar bem-educado com qualidade de tempo para gerar saúde emocional e, simultaneamente, dirigir uma empresa, viajar a semana toda e dar atenção aos colaboradores.

Conheço o caso de um profissional que cresceu em ritmo acelerado, galgou muitas posições, ganhou muito dinheiro e prestígio e, tudo isso, de maneira rápida, graças a uma dedicação quase exclusiva ao trabalho. Encontrei-o certa vez no aeroporto e, ao lhe perguntar como estava, logo me contou sua história e relatou seus sucessos. Quando perguntei sobre a mulher e os filhos, respondeu em tom deprimido que todo aquele sucesso tivera um custo, pois tinha se divorciado e dificilmente via os filhos. Isso serve para compreender a realidade e ver quanto ela pode custar. A nossa sociedade de consumo e de valores descartáveis tende a nos lançar em um ambiente envolvente de supostas vantagens consumistas. Por essa razão, o jovem casal deve ter a transparência necessária para pensar sobre isso. Qual o plano dos dois nesse cenário? Se cada qual não abrir seu coração, guardará surpresas para mais adiante, e as frustrações de ambas as partes poderão ser trágicas.

Quando falo de planos transparentes, me refiro ao fato de que tudo deve ser levado em consideração e tratado a dois. Isso pode não evitar totalmente as desilusões, mas ajuda bastante na hora de administrá-las. No estado em que vivo,

Pernambuco, há uma onda de emigração para o Canadá, pela oferta de trabalho e pela proposta de melhores condições de vida. Muitos casais jovens estão embarcando nessa proposta, e boa parte deles consiste em dois profissionais que, de alguma forma, já desenvolvem aqui suas atividades. Num país como o Canadá, alguém terá de abrir mão de seu crescimento profissional — o que geralmente acontece com as mulheres. Com isso, médicas, dentistas, professoras e engenheiras, entre outras, estão deixando de lado sua carreira em prol desse plano conjunto de morar fora do Brasil. Nada de mau nisso, desde que a situação fique bem clara. Para algumas pessoas, talvez isso seja mais fácil, mas, para outras, esse cenário pode gerar conflitos pessoais intermináveis. Conheço casos em que a decisão de retornar foi tomada por um conjunto de fatores, mas essa questão pesou imensamente. Foi uma decisão sensata, mas o que dizer quando a sensatez fica de fora, quando o impulso toma o lugar da razão e a frustração dá oportunidade ao surgimento das cobranças e de lamentos frequentes. A carreira, portanto, é algo a ser pensado e decidido em conjunto por aqueles que desejam entrar nesse pacto sagrado chamado casamento.

Existem também os casos de acomodação e desinteresse pelo futuro de uma das partes — por influência, criação, ambiente familiar ou personalidade. Acompanhei um casal que seguia firme para o casamento. Nas primeiras entrevistas, percebi nele uma dependência de cunho emocional dos pais. Criado em uma situação mais abastada que a noiva, estava acostumado a receber de tudo e encontrava dificuldade de encarar as horas de trabalho. O que ele gostava mesmo era do círculo de amigos, a ponto de estudar à noite para desfrutar do dia. Ela, por sua vez, vinha de uma família humilde, sua mãe era viúva e a jovem trabalhava o dia todo, estudava à noite e, em minha opinião, era uma lutadora. *Acomodação* era uma palavra que não parecia estar em seu vocabulário.

Trabalhei esse assunto, e analisamos quais eram os planos para o futuro breve. Falamos de trabalho, esforço, partilha e outros temas similares. Cheguei a questionar se aquele era o tempo adequado para o casamento, pois, em minha opinião, eles não estavam prontos: seus planos eram diferentes, e as posturas individuais não combinavam. Mas eles insistiram e se casaram. Alguns meses depois, ela me procurou para dizer que não houve como suportar, nada tinha mudado e ela se cansou! Hoje mora fora do Recife e está em uma grande empresa, bem-sucedida profissionalmente. Já ele apareceu chorando, em busca de ajuda. Infelizmente, nada pude fazer, a não ser estar presente.

Talvez você conheça pessoas que, ao se casarem, praticamente anularam algumas de suas pretensões profissionais ou de outro tipo. Alguém pode fazer isso e ser feliz? Creio que sim. Só que é algo a ser feito de modo consciente, partilhando de tudo e decidindo que lá na frente isso não será cobrado. É possível evitar totalmente que a frustração aconteça? Não. Mas é possível mitigar seu efeito e sua ocorrência, por meio de um plano comum e da tomada de decisões a partir da concordância. O plano do casal deve ser claro. Você tem um plano? Então preste atenção: quando se casa, suas metas não podem mais ser *suas*, mas, sim, *nossas*. Não importa a profissão, a vocação, seja lá o que for; importa que a vida familiar seja planejada e acordada a dois. Isso faz crescer a possibilidade de sucesso no casamento e de longevidade familiar.

Nunca podemos nos esquecer de que vivemos em uma sociedade em que tudo tende a ser descartável. Essa mentalidade está presente por toda parte e, de alguma forma, isso fica impregnado em nossa mente. Passamos a ver as coisas e até as pessoas como descartáveis. Não é incomum você ouvir de noivos a frase: "Se não der certo a gente se separa". Assusta-nos que seja algo dito com certa naturalidade, por fazer parte do pensamento comum. Associado a isso, essa mesma sociedade tem forte expressão hedonista, ou seja, ela considera o prazer e a felicidade como algo material e útil, além do que também faz parte desse sentimento entender a felicidade como algo pessoal: é a *minha* vida. A visão é a do indivíduo como maior beneficiário de tudo. Surge desse pensamento aquela frase clássica: "Eu quero me casar para ser feliz". Em princípio, não há nada de mau nisso; afinal, todos têm o direito de desejar ser feliz. Mas, quando nessa frase está implícita apenas a marca do individualismo e do desejo pessoal, as coisas podem tomar um rumo indesejado. Poderíamos refazer a frase desta maneira: "Quero me casar para *eu* ser feliz". Você percebe que o casamento, segundo a fé e os princípios cristãos, parte do pressuposto de que "eu me caso para ser feliz fazendo o outro feliz". "Amar o próximo como a si mesmo" é um princípio bíblico que deve permear todas as relações humanas e, também, o casamento. A ideia individualista equivocada lança a pessoa em busca de uma felicidade onde ela não está e, geralmente, se concentra nos aspectos da individualidade e, em muitos casos, do materialismo. Ainda mais danoso, porém, é o fato de que isso envolve um esforço individual incomum, que será despendido para esse tipo de felicidade. Naturalmente, haverá prejuízos ao ser comum, ao *nós*, ao *nosso*, tão fundamental no relacionamento matrimonial. Lutar por essa felicidade, em alguns casos, significa lutar pelo que *eu quero*, e isso leva o relacionamento a um nível de individualismo danoso ao casamento.

A ideia de um matrimônio onde haja felicidade numa perspectiva relacional, partilhada, interpessoal, parece ser algo vago para o pensamento comum da sociedade de hoje. Os casais se unem sob uma plataforma de tarefas de cada parte, uma vida compartimentada nos planos, nas finanças e em outras áreas da vida a dois. É estranho definir isso, mas parece que, quando se age assim, cria-se uma sociedade onde as tarefas são atribuídas a cada um e o desfrute um do outro ocorre somente na vida sexual e, talvez, em alguns outros prazeres. O amor passa a ser definido de forma estranha. O amor que Paulo mostra aos coríntios (1Co 13) é sacrificial, altruísta, se lança pelo outro, se doa, não olha as vantagens para si e prioriza o próximo. O psicólogo Carlos Grzybowsky, terapeuta de casais e escritor, em artigo publicado na revista *Ultimato*,[1] diz algo interessante a esse respeito. Ele comenta que as expectativas dos cônjuges que nem sempre são satisfeitas se tornam, em muitos casos, algo decepcionante. A mudança ocorrida após a cerimônia do casamento parece ser uma realidade indiscutível quando entramos nessa relação pensando de forma individualista.

Gosto particularmente de uma definição bíblica de amor que está em 1 João 3.16: "Nisto conhecemos o que é o amor: Jesus Cristo deu a sua vida por nós, e devemos dar a nossa vida por nossos irmãos". Penso que nosso irmão mais próximo é o nosso cônjuge e amá-lo significa dar a vida por ele. Não em um literalismo barato e irrealizável. Dar a vida não significa apenas se jogar na frente de um carro para evitar que o outro seja atropelado. A possibilidade de acontecer uma situação como essa ao longo da vida é mínima. Nossa passagem pela terra nada mais é do que uma quantidade indefinida de tempo que Deus dispõe para cada um. Logo, dar a vida significa abrir mão do tempo que tenho para meu usufruto para doá-lo ao meu cônjuge. E isso é contracultura, pois a sociedade nos ensina a sermos autocentrados e egoístas. Um exemplo clássico que costumo citar em palestras e encontros que ministro para casais é o do marido que no domingo à tarde quer assistir à partida de futebol de seu time predileto e a esposa lhe pede um favor. Dar a vida nesse caso significa abrir mão de meu tempo de lazer e utilizá-lo em favor de meu cônjuge. Isso é sacrifício, é morte! Morte sacrificial.

Para que o casamento seja um ambiente de partilha e amor, é necessário que esse espírito de sacrifício esteja presente e que o espírito deste século — visto aqui como um individualismo incontido — seja mantido sob controle. O *nós* deve ter maior expressão do que o *eu*. Isso não acontece da noite para o dia e, por isso, é preciso valorizar o namoro como tempo de conhecimento, de planejamento. Os jovens, em grande parte, estão usando esse período para tudo, menos para planejar juntos o futuro e os rumos do casamento que pretendem viver. Por isso, no namoro se deve falar de tudo que tenha a ver com o dia a dia do futuro enlace. Nunca deixe de tratar das áreas que estamos abordando neste livro, pois, pela minha visão, elas são as principais. Você não pode deixar de conversar e planejar questões acerca de educação de filhos, família, fé e finanças, entre outras. É um risco entrar em um matrimônio sem ter esses aspectos previamente discutidos e acordados.

Por força das circunstâncias, eu e minha esposa, Valéria, namoramos por cerca de cinco anos até que foi possível concretizar o casamento. Esse tempo, que, para alguns, parece muito, serviu para nos conhecermos melhor e planejarmos muito do que queríamos ver como realidade em nossa vida a dois. Foi nesse período que conversamos e discutimos, por exemplo, sobre a maneira de educar nossos futuros filhos — o que foi fundamental, porque, inicialmente, tínhamos posições diferentes, para não dizer opostas. Isso geraria problemas lá na frente se tudo não houvesse sido planejado e acertado antecipadamente. Nós nos amávamos verdadeiramente, mas havia muita diferença entre nós. Por isso, traçar metas e meios, conversar e abrir as expectativas foram atitudes essenciais. Foi algo fundamental para nossa felicidade. Imagine o que teria acontecido se, em todo esse tempo, nunca tivéssemos tratado do futuro e de nossos planos? Asseguro que teríamos tido problemas logo no início do casamento, o que considero ainda uma fase débil da relação, pela ausência de experiência e maturidade. Isso poderia gerar situações que — mesmo nos amando e desejando compartilhar a vida — teríamos dificuldades de administrar.

Meu conselho

Pela minha experiência, boa parte dos casais encontra dificuldades no casamento por ter se omitido durante o namoro ou o noivado. Por isso, meu conselho não poderia ser diferente: exercitem a prática de dispensar um período regular — semanalmente, por exemplo — para conversar sobre o futuro. Chamem esse tempo de investimento, pois é. Discutam seus planos e façam perguntas que precisam ter respostas antes de firmado o compromisso de uma vida. Levantem hipóteses e pensem em como solucioná-las. Discutam sobre renúncia e suas possibilidades. Não há exagero em planejar junto aquilo que afetará a vida de ambos. Planos profissionais e familiares devem ser expostos, como número de filhos, possibilidade de adoção, metas financeiras e formas de comunicação.

O valor da preparação matrimonial aumenta quando pensamos nas diferenças que podem existir entre duas pessoas. Isso vai desde uma personalidade diferente até, como já vimos, o pano de fundo familiar e as expectativas de cada um. Planejar durante o namoro ajuda a vencer as pressões que caem sobre o casamento, especialmente quando se aproxima a data da cerimônia.

Existem concessões que devem ser feitas pelo bem do relacionamento. Preciso entender que, na minha caminhada com meu cônjuge, terei de abrir mão de muitas coisas em prol do nosso relacionamento. Por exemplo, é importante que o casal tenha a convicção de que está saindo de uma posição de independência para uma de interdependência. No namoro isso tem de ser trabalhado. Ninguém que assume o compromisso do matrimônio deverá viver como solteiro — o uso do tempo deve ser ajustado de acordo com a vida a dois. A partir do casamento, a sua família primeira será o seu cônjuge, e ele terá toda prioridade. Esse agora é o seu núcleo familiar, e as lealdades precisam ser ajustadas. O tempo, os programas, as opiniões, tudo deve ser feito de maneira que o novo núcleo tenha a primazia. *Happy hour* é o momento feliz em que você retorna para casa. Isso deveria ser óbvio, mas a incompreensão a esse respeito tem causado problemas em inúmeros relacionamentos.

Tudo o que aqui tratamos tem a ver com o amor sacrificial. Esse é o tipo de amor que deve haver entre o casal para que se recomende que subam ao altar e se comprometam com uma vida a dois. Caso contrário, estaremos sempre esperando que o outro venha a ceder e nos acomodamos em nossa posição. Mas, se não conversarmos sobre esses possíveis assuntos e não planejarmos nossa vida, mais uma vez as surpresas poderão trazer prejuízos concretos. Portanto, não percam tempo e dialoguem todo o tempo.

9

Falamos a mesma língua?
Qual é a linguagem de amor de meu futuro cônjuge?

Compreender que há outros pontos de vista é o início da sabedoria.

Thomas Campbell

Certa vez, após realizar uma palestra em um encontro de jovens numa igreja amiga, recebi de presente um livro que ainda não havia se tornado o *best-seller* que é hoje: *As 5 linguagens do amor*,[1] do magnífico autor Gary Chapman. Um dia decidi ler essa obra e me encantei com o que ela trazia de positivo para ajuda nos relacionamentos entre casais.

Algumas pessoas se casam com base na paixão. Pensam que seus fortes sentimentos e aquela atração mútua serão o suficiente para construir e fazer sobreviver um casamento. Mas, inevitavelmente, as paixões vagueiam para aqui e para ali e, se não houver uma compreensão clara de como criar um amor que se desenvolva e cresça, com o tempo o casamento não se sustentará. Amor, numa perspectiva cristã, é algo prático e está longe de ser abstrato.

Pretendo fazer um brevíssimo resumo do que se trata a obra de Chapman, narrar algumas experiências e sugerir, como faço com todos os casais que acompanho em aconselhamento pré-matrimonial, que não deixem de ler *As 5 linguagens do amor*:

leiam juntos e dialoguem. As descobertas serão de grande valia no futuro do relacionamento.

Assim como na vida, quando falamos idiomas que nosso interlocutor não entende, a comunicação é bloqueada e a compreensão do outro fica difícil — para não dizer inviável. A tese de Chapman é que cada pessoa entende o amor de uma forma diferente. Para ele, a certeza da linguagem do amor do outro levará o casal a desenvolver uma relação saudável, estável e duradoura.

Não é diferente de eu tentar dizer a minha esposa que a amo em hebraico, língua que ela absolutamente não domina. Valéria jamais entenderá minha intenção, meu desejo de revelar meu amor, pois ela simplesmente não tem conhecimentos desse idioma. Se minha esposa só entende português, é nessa língua que preciso lhe declarar meu amor. As cinco linguagens do amor, para Chapman, são: palavras de afirmação, tempo de qualidade, presentes, atos de serviço e toque físico. Ou seja, a mulher que tem como linguagem do amor ganhar presentes, por exemplo, não reconhecerá que seu marido de fato a ama se ele usar outra linguagem, mas raramente presenteá-la com algo. Não estamos falando de presentes e gastos excessivos, mas de pequenas coisas que, para ela, representam uma grande demonstração de amor.

O marido, da mesma forma, entenderá o amor de sua esposa de acordo com a sua própria linguagem. Uma tendência nossa é tratar nosso cônjuge com a nossa linguagem, o que nem sempre coincide. Assim, a comunicação fica mais uma vez prejudicada. Se minha linguagem do amor se traduz em receber presentes, tenho a tendência a dar presentes, mas, se a linguagem de minha esposa não for essa, ela não compreenderá.

Decidi incluir aqui este capítulo porque aplico o exercício proposto por Chapman aos casais que acompanho e vejo resultados muito positivos. Fica patente que ler *As 5 linguagens do amor* e fazer as descobertas que ele propõe antes do casamento fará com que você ganhe tempo, saia à frente e, com iniciativa, desenvolva um relacionamento compreensivo.

São muitos os casos de casais cujas partes se amam e desejam viver uma relação saudável, mas que, pela ausência de uma boa comunicação, têm a compreensão prejudicada. Nesses casos, o perfeito entendimento da linguagem do amor do outro abre as portas para essa relação tão desejada. Quando falamos desse tema nas sessões de aconselhamento e revisamos o que foi lido e compreendido, é interessante e gratificante perceber nos casais o entusiasmo pelas descobertas e avanços no conhecimento do outro. É aí que está a importância dessa busca por conhecer melhor quem partilhará a vida com você.

Ao ler o livro de Chapman, minha descoberta da linguagem do amor de Valéria facilitou nosso relacionamento e me fez compreendê-la muito melhor. Meu hábito fracassado de lhe dar presentes não mostrava, no seu entendimento, a realidade do meu amor. Descobri que a linguagem dela era a de palavras de afirmação e lembrei que, desde nossos tempos de namoro, ela sempre solicitava que eu lhe dissesse que a amava. Hoje, fazer isso é uma prática constante. Não significa que ela não goste de ganhar presentes, mas seu entendimento de amor está em ouvir que é amada.

Assim acontece com todos nós, que temos intrinsecamente a necessidade de ser compreendidos e de nos fazermos compreender. Essas cinco linguagens ajudarão nesse desenvolvimento. Você pode ser romântico e saber dizer palavras, fazer gestos, impostar a voz e outros artifícios que levem a pessoa amada a se alegrar por alguns momentos. Mas será impossível acontecer o amor diário — aquele do dia a dia, que se manifesta em todos os momentos — sem que você conheça a linguagem do amor do seu cônjuge. Uma vez descoberta, inicia-se a ação na direção de satisfazer o outro de maneira que ele compreenda. Vamos dar uma rápida passada em cada uma dessas linguagens, com exemplos que o ajudarão a fixar melhor esse importante ponto nos relacionamentos.

Palavras de afirmação

A Bíblia dá um valor especial às palavras. Veja o que a sabedoria de Provérbios nos ensina: "A língua tem poder sobre a vida e sobre a morte; os que gostam de usá-la comerão do seu fruto" (Pv 18.21). Na prática, sabemos que elas podem influenciar uma vida inteira. Crianças que são estimuladas verbalmente se desenvolvem melhor; as que são reprimidas ou denegridas podem se tornar pessoas com problemas para o resto da vida.

A pessoa que entende amor por meio de palavras de afirmação necessita ouvir que é amada, e isso pode acontecer de diferentes maneiras. Pode ser um simples e sincero "eu te amo", mas pode ser também um telefonema, um torpedo pelo celular durante o dia de trabalho. Nada alegra mais essa criatura que receber um torpedo onde se lê simplesmente "Eu amo você!". Mas também ela se alegra e compreende amor com elogios. "Essa camisa está perfeita em você!", "Você conduziu a reunião de modo excelente!" e frases semelhantes. Além disso, ser agradecido, ser encorajador ou mesmo solicitar ajuda soa bem aos ouvidos. Isso não tem nada a ver com demandas insistentes e intolerantes. Conheço bem essa linguagem, porque ela é a primeira de minha esposa e tenho experimentado os resultados de seguir por esse caminho.

Agora imagine alguém com essa linguagem, com a necessidade de ser reconhecido e de ouvir de seus lábios que você o ama... e de sua parte vêm apenas presentes, objetos. Ele gosta, mas não entende amor por esse lado, pois, para ele, você o ama se expressar verbalmente isso. Minha esposa entra em meu escritório enquanto trabalho, vai até minha mesa e diz: "Eu já te disse hoje que te amo?".

Tempo de qualidade

O tempo é uma de nossas maiores preciosidades. Seu valor é inestimável. Especialmente nos dias de hoje, ninguém está disposto a perder tempo. Penso até que as conhecidas atividades e os jogos de passatempo caem cada vez mais em desuso. Mesmo assim, de maneira geral, ainda administramos mal nossos minutos, usando-os demasiadamente em atividades que não nos edificam e, assim, perdemos a oportunidade de ter mais tempo de qualidade com aquilo ou aqueles que de fato valem a pena. Eu tinha o hábito de ficar até de madrugada no computador ou em outra atividade. Deitava para dormir quando estava totalmente estafado. Depois de muita luta, aprendi que precisava usar melhor meu tempo, dar mais descanso ao meu corpo e priorizar atividades que me edifiquem.

Certa vez me vi diante do aparelho de TV, tarde da noite, assistindo a um filme a que já havia assistido. Eu me perguntei: "Por que faço isso? Eu preciso dormir ou fazer outra coisa que não me faça desperdiçar esses minutos tão preciosos e que não voltam mais". Desde então, passei a observar melhor essa questão de usar o tempo com a maior qualidade possível.

A maior lição que recebi nessa área foi de meu filho Gabriel, quando ele ainda tinha 7 anos. Naquela época, eu estava assumindo a Igreja da Trindade, na época uma das maiores congregações evangélicas do Recife, uma vez que o reitor, reverendo Paulo Garcia, estava em um período sabático no exterior. Eu morava longe da igreja e passava o dia todo trabalhando. Chegava tarde da noite em casa. Mas estava muito feliz com aquela oportunidade; afinal, era recém-ordenado e podia liderar uma comunidade expressiva. Por conta disso, meu tempo com a família foi reduzido, e meus filhos e minha esposa sofriam com minha ausência. Mas a empolgação não me permitia perceber.

Certa vez, depois de um dia de trabalho na igreja, fui para casa, rapidamente, tomar um banho, comer algo e voltar para uma reunião. Sentei-me à mesa, já de roupa trocada para jantar, pronto para voltar às atividades da igreja. Gabriel estava sentado no sofá, diante da TV. Ele me olhou e perguntou: "Painho, para onde você vai?". Ao que respondi com a boca cheia, sem olhar para ele: "Para a igreja, filho". Com uma carinha de choro, ele olhou-me e disse: "Que droga que você é um pastor!". Aquilo, para mim, foi o mais certeiro tiro que eu poderia ter recebido na vida. Aquelas poucas palavras, vindas de lábios sinceros de quem demandava apenas a presença do pai, me acertaram em cheio. Naquele momento, parei de comer, me levantei e abracei, já em lágrimas. Respondi: "Desculpe, filho, papai vai ficar com você, e isso nunca mais vai acontecer". Troquei de roupa, liguei para a igreja e disse que não iria mais à reunião. Ali mudei meu conceito de tempo, de tempo de qualidade e de prioridades.

Quando falamos em tempo de qualidade, não significa que, quando você está em casa lendo seu jornal e seu filho está brincando no quarto, você está presente e dedicando atenção. O jornal é quem está recebendo sua atenção, não o seu filho. Tempo de qualidade tem a ver com atenção e interesse — e isso quer dizer dedicação. Existem pessoas que entendem o amor pela atenção que recebem. Elas nunca vão entender que são amadas se isso não acontecer. Se você sabe que a linguagem do amor de seu parceiro é tempo de qualidade, terá de se esforçar para se comunicar com ele por meio de mais dedicação de tempo. Isso poderá entrar em choque com as suas atividades profissionais ou estudantis, talvez seu tempo seja pouco, mas o esforço será muito importante e algum sacrifício será necessário.

Perceba o que ele gosta de fazer e façam juntos. Talvez sejam caminhadas, passeios ou, simplesmente, momentos exclusivos com aquela pessoa. O que importa não é a atividade; é a atenção, a dedicação dispensada à pessoa — que a partir daí se entende amada.

Meu pai foi um homem muito atarefado profissionalmente. Tinha mais de um emprego para manter a família de cinco filhos e mais alguns agregados. Não dispunha de muito tempo para estar conosco. Não me lembro de muitos momentos que passamos juntos na minha infância, mas aqueles que tiveram tempo de qualidade são inesquecíveis. Posso detalhar alguns deles com minúcias que, às vezes, conto para ele sem que ele mesmo se recorde. Portanto, quem entende amor por tempo de qualidade, requer dedicação e atenção.

Presentes

Dar e receber presentes é algo que transcende todas as barreiras culturais. É símbolo que mostra afetividade e carinho. Já recebi muitos presentes, alguns deles bem simples: pequenos objetos singelos, porém repletos de significado. Outros mais sofisticados e caros, mas, a despeito do valor, igualmente cheios de sentido. Presentes são assim: significativos. Da linguagem do amor de receber presentes todos têm um pouco. Mas engana--se quem acha que dar presentes sempre vai comunicar plenamente o seu sentimento. Você já deve ter ouvido de filhos que tiveram pais provedores, aos quais nunca faltou nada, mas que se queixam da ausência deles. Esposas que dariam de volta seus brilhantes para ter a presença de seu marido.

Talvez essa seja a linguagem do amor mais fácil de ser aprendida, pois, afinal, presentes podem ser baratos — como flores e cartões — ou mesmo caros, como joias. No entanto, se seu parceiro tem essa linguagem, você tem de aprender lições importantes. Por exemplo: não é preciso presentear em uma ocasião especial. Quem tem apreço por presentes gosta sempre de ganhá-los, e sem grandes exigências. Na volta do trabalho, o esposo para e compra flores para a esposa. Ao lhe entregar, ele está dizendo, em outras palavras, que se lembrou dela. É isso o que o presente representa.

Se você tem dificuldades de presentear, como eu tenho, consulte outras pessoas. Durante muito tempo me enganei, dando presentes a minha esposa. Até que desisti. Hoje consulto outros ou ela mesma e, aos poucos, tenho aprendido. Mas como a linguagem dela é a de palavras de afirmação, trago presentes mas não me canso de dizer que a amo e quanto ela é importante para mim. Certa vez fui à China e lá comprei um colar de porcelana chinesa para Valéria. Acreditava que aquilo faria um grande sucesso, que certamente ela iria amar. Eu estava convencido disso. Entreguei o presente, e recebi um sorriso de quem tinha gostado. Ela fingiu bem, pois, por muito tempo, achei que ela tivesse mesmo amado. Com o tempo, notei que nunca usava aquele colar e perguntei por quê. Inicialmente, ela disse que não tinha roupas que combinassem com ele e, depois de outras mil desculpas, finalmente confessou que o achava muito feio. Rimos juntos, pois levou tempo até chegarmos a esse ponto.

Em outra ocasião, fui ao Havaí e, como somos muito praieiros, pensei que ali encontraria algo que ela fosse adorar. Comprei uma viseira em forma de leque com estampa colorida e lhe dei com a certeza de que tinha acertado. Quando lhe entreguei o presente, ela foi sincera e disse: "Deus me livre de usar isso!". A partir daí, passei a consultá-la ou a suas irmãs e amigas, pois sou um fracasso na hora de escolher presentes.

Talvez você tenha de mudar sua atitude em relação ao dinheiro. Quem tem tendência a gastar, naturalmente apresentará mais facilidade em presentear, mas um poupador terá de aprender a usar esse dinheiro para presentear. Nunca esqueça que, em algumas situações, sua presença será o maior presente para o seu cônjuge. Especialmente nos momentos de crise. Não subestime a sua simples presença.

ATOS DE SERVIÇO

Como disse James Hunter no *best-seller O monge e o executivo*, "O amor é o que o amor faz!". Essa frase é cheia de verdade, pois acredito que o amor é concreto e está longe de ser abstrato, que vai além do campo dos sentimentos. Essa forma de entender o amor nos remete à quarta linguagem: atos de serviço. Essa é aquela pessoa que entende amor pela ajuda que recebe. É alguém que quando você diz "eu te amo" já está pensando "então me mostre isso na prática".

Se seu cônjuge tem essa linguagem, vai entender que você o ama na medida em que enxergar isso no dia a dia das tarefas e dos compromissos. Esses atos de serviço poderão vir das mais variadas maneiras, como ajudar na limpeza da casa, cuidar das crianças, ir à feira, lavar o carro, preparar uma boa refeição com carinho, e aspectos semelhantes. Minha esposa entende amor pelas palavras de afirmação, mas manifesta amor por meio de atos de serviço. Demonstra tanto prazer em me ver satisfeito que seus olhos brilham quando está fazendo algo para mim. Durante um período de doença, ela se dedicou a me servir de todas as maneiras possíveis: como motorista, enfermeira, cozinheira e, acima de tudo, companheira. Seu cuidado não é por obrigação, mas porque me ama e se agrada de me ver bem. Como essa é a minha primeira linguagem de amor, isso significa que temos nos entendido muito bem e nosso relacionamento tem amadurecido a cada dia, especialmente nos tempos de necessidade. E não estou falando aqui de servir simplesmente por servir, mas de servir por amor.

Toque físico

Quando realizo aconselhamento pré-matrimonial, converso com os noivos sobre essas linguagens de uma maneira mais geral, porque, como disse, recomendo aos casais que leiam juntos o livro inteiro. Mas costumo brincar com eles, tentando decifrar a linguagem de cada um enquanto conversamos, pelo que consigo observar. A linguagem do toque físico é muito fácil de decifrar. A pessoa que a tem é aquela que quer estar sempre junta, colada, de mãos dadas ou encostando-se no outro. Se a noiva tem essa linguagem e o noivo não, facilmente percebo o embaraço dele enquanto ela fica cada vez mais perto durante as conversas.

O toque físico é importante na vida de cada um de nós e, especialmente, na vida amorosa e matrimonial. A ciência já sabe que crianças tratadas com toque físico por seus pais tendem a ser mais saudáveis emocionalmente. Em qualquer cultura, pais sábios tratam seus filhos com contato físico e proximidade.

No relacionamento afetivo, o toque físico demonstra amor. Não estou falando apenas da questão sexual, mas sensorial. O contato pode ser explícito e culminar em uma relação sexual plena, mas pode ser implícito e se manifestar em pequenos toques, uma simples passagem pelo outro com um beijo no pescoço ou um abraço de surpresa pelas costas. Cabe observar, porém, que o toque pode demonstrar amor e ódio, carinho e rejeição. Para uma criança que tem essa linguagem, receber um tapa no rosto será uma experiência terrível de repúdio, ao passo que um carinho em sua pele lhe dará a sensação de ser amada.

Minha mulher e eu criamos nossos filhos propositadamente com muita aproximação física. Hoje, que já são adultos, as coisas continuam do mesmo jeito, e eles são muito chegados ao contato. O mais velho, especialmente, abraça-nos e beija-nos onde quer que nos encontre, e ficará grudado por uns instantes. Praticamente todos os dias em que estou em meu escritório pela manhã, ele acorda, sai do quarto, vem até mim, me dá um forte abraço pelas costas e se senta no meu colo — como se fosse um garoto de 3 anos. Sua linguagem vai claramente na direção do toque físico. O mais novo é da mesma forma extremamente carinhoso e sensível, além de ser um beijoqueiro especial.

Percebo em certos noivos a ausência dessa manifestação de amor. Vejo uma aridez de toques que me surpreende. Convivo com casais que jamais vi trocar afagos, fazer carinho ou simplesmente dar um beijo em público; imagino quão insatisfeito ficará um dos cônjuges se tiver a linguagem do toque físico.

·············· **Meu conselho** ··············

Sugeri a um jovem pastor e sua esposa a leitura de *As 5 linguagens do amor* em conjunto. Mais tarde, recebi dele a seguinte afirmação: "Miguel, nosso casamento nunca mais será o mesmo depois do que descobrimos ali". Portanto, minha sugestão é que jovens casais se esforcem para descobrir qual é a linguagem afetiva de seu par. Assim, darão início a uma vida matrimonial em harmonia. Portanto, sugiro que, se possível, leiam o livro de Gary Chapman antes de subir ao altar.

10

Sexo é bom, e eu gosto, mas até onde posso?
Qual o entendimento que meu futuro cônjuge tem da sexualidade?

> *Quando o assunto é sexo, todos mentem.*
> Jerry Seinfeld

A sexualidade é parte integrante do relacionamento amoroso. Será sempre um ponto essencial para a edificação do casal. O sexo é a maneira mais íntima e profunda de nos comunicarmos. É um dom, um presente de Deus, que, ao contrário do que alguns grupos consideram, não é apenas para procriação, e sim para trazer prazer aos seres humanos. Sob o ponto de vista cristão, a sexualidade é uma expressão de amor para ser vivenciada em um relacionamento comprometido, o casamento.

O sexo, quando vivenciado de maneira aleatória e fora do relacionamento conjugal, pode ser destrutivo e prejudicial. Você não é obrigado a concordar comigo, mas, pelo menos, se permita considerar esse assunto do ponto de vista cristão. O casamento envolve a entrega de cada um ao outro, e a entrega completa envolve a sexualidade plena. Essa plenitude não acontecerá sem que se desenvolva confiança mútua. Em seu livro *The Marriage and It's Modern Crisis* [O casamento e a crise moderna], Alan Storkey diz: "A confiança é um dos requisitos mais importantes para uma vida sexual sadia. Quando os integrantes de um casal confiam um no outro, podem aproveitar o dar e o receber, mas, quando uma pessoa quer usar o outro, existirá uma tensão". Na prática da sexualidade descomprometida, a confiança não é fator primordial, uma vez que ambos buscam o prazer numa perspectiva momentânea e, de certa forma, se usam mutuamente para obter essa satisfação.

Antes de entrar em particularidades sobre o assunto, gostaria que você me acompanhasse em alguns pontos que considero fundamentais para o desenvolvimento de uma sexualidade sadia.

O SEXO É A EXPERIÊNCIA MAIS ÍNTIMA ENTRE UM HOMEM E UMA MULHER

Não há nada mais íntimo em uma relação humana do que o sexo, pois, como diz Gênesis, é quando homem e mulher se fundem. "Por essa razão, o homem deixará pai e mãe e se unirá à sua mulher, e eles se tornarão uma só carne" (Gn 2.24). Alguns dizem que a matemática dessa experiência é: 1 + 1 = 1.

Não é o casamento que torna o casal uma só carne, mas sim o ato sexual. Ao escrever aos coríntios, Paulo afirma que o homem que tem uma relação com uma prostituta se faz uma carne com ela, e a mulher que faz sexo com um prostituto se faz uma só carne com ele (1Co 6.15-20). Isso não significa que, ao fazerem sexo mediante prostituição, estejam se casando, mas, sim, formando uma só carne. Da mesma forma, o apóstolo honra o matrimônio e a sexualidade. Na carta aos efésios, Paulo cita a passagem de Gênesis 2.24 e completa: "Este é um mistério profundo; refiro-me, porém, a Cristo e à igreja" (Ef 5.32). Portanto, a sexualidade é a experiência que mais aproxima o ser humano do outro, nada pode ser mais íntimo que isso.

Sexo é uma experiência que implica integralidade

A relação sexual é um momento de completude e integralidade. Envolve muito mais do que um contato genital. Envolve sentimentos, expectativas, doação, entrega, confiança e outras características que a tornam algo completo e nunca dissociado de um relacionamento comprometido. A sexualidade é parte de um todo e, por isso, não pode ser vista de forma isolada. O sexo descomprometido tem como marca a ênfase no momento que se vive, e não em tudo que compõe uma relação matrimonial.

Algo que observo quando ocorre um ato de traição nos relacionamentos é que a principal preocupação da parte ofendida é sobre a representatividade daquela pessoa para o autor da traição. A primeira pergunta que se faz é: "O que é que seu cônjuge significa para você?". A parte que traiu em geral tenta aliviar, dizendo simplesmente: "Não representa nada; foi só sexo!". Mas "só sexo" não existe, ou, pelo menos em tese, não pode existir. Não é possível que uma relação que torna duas pessoas uma só seja apenas um ato — há outros aspectos envolvidos. Isso porque o ser humano não é um corpo com uma alma aprisionada. Cada um de nós é um ser completo, de corpo e espírito, e isso não se separa. Isso quer dizer que tudo o que fazemos com o corpo também fazemos com o espírito.

O sexo vincula uma pessoa à outra, nos torna uma unidade espiritualmente, emocionalmente, socialmente e psicologicamente. A ideia de dissociar o corpo do ser é platônica e, de certa forma, influenciou muito o cristianismo. Tanto que, até hoje, tem suas implicações. Não somos discípulos de Platão, mas de Jesus Cristo. Ao falar da luta entre carne e espírito, Paulo não dissocia essas partes. Ele está tratando da luta das vontades, dos desejos que levam ao pecado, mas não dá espaço para inferir que a carne é o corpo e que, assim, o espírito vive aprisionado nele.

O autoflagelo — prática comum em correntes cristãs de origem católica romana — e mesmo o desprezo pelo corpo, como postura de algumas correntes evangélicas, tem origem nessa falsa imagem de um corpo dissociado do espírito. Jesus não era grego, mas hebreu, filho de hebreus, criado na teologia hebraica, segundo costumes judaicos. Ele jamais poderia homologar a ideia de corpo e espírito desvinculados. Do ponto de vista judaico, a integralidade do ser é uma questão definida. Portanto, perde força no cristianismo essa ideia de uma luta entre a carne e o espírito ser justificativa para uma postura de réus do corpo. Assim, o sexo é algo inteiro e não pode ser visto como um ato apenas "da carne". Se não fosse assim, onde estaria o meu espírito enquanto aquela relação estivesse acontecendo?

O sexo é a experiência humana mais próxima do êxtase sagrado

Aqui é importante compreender bem o que quero dizer. O que ressalto é que a sensação de êxtase do sexo é o que mais se aproxima do êxtase da presença de Deus. É possível que essa frase soe como um absurdo para alguns, mas, por favor, acompanhe com calma meu raciocínio e depois forme sua opinião. Não entre em uma defensiva imediata, antes de raciocinar, nem considere algo que não pode ser discutido. Há uma tendência de sacralizar algumas coisas e demonizar outras. Sexo é tabu — na sociedade e, também, no meio cristão, seja ele católico romano, seja protestante.

Em sua obra *Dinheiro, sexo e poder*,[1] Richard Foster cita o conhecido teólogo Karl Barth, que trabalhou o tema sexualidade com ousadia em seu tempo e foi um dos primeiros entre os teólogos de referência a enxergá-la com base na imagem de Deus. Diz o texto:

> A sexualidade humana — a masculinidade e feminilidade — não é apenas uma organização acidental da espécie humana, não só uma forma conveniente de manter a continuidade da raça. Nada disso: ela está no coração de nossa verdadeira humanidade. Existimos como homem e mulher em relacionamento. Nossos impulsos sexuais, nossa capacidade de amar e ser amados estão intimamente relacionados ao fato de termos sido criados à imagem de Deus.

Ele mesmo ainda comenta que a sexualidade tem sido uma vacilação entre o erotismo iníquo, por um lado, e uma iníqua ausência de erotismo por outro. Com isso desejo introduzir aqui o conceito de sexualidade como algo santo e profundamente vinculado a nossa espiritualidade.

Posto isso, retornemos ao ponto em que defendo o sexo como uma experiência próxima ao êxtase sagrado. Você pode questionar: "Onde está a base bíblica para isso?". Não é do meu estilo achar um versículo que justifique cada ato que conduzo em minha vida. Prefiro, isso sim, trabalhar por princípios bíblicos. Por isso, sugiro que se observe a relação que a Bíblia estabelece entre o relacionamento com Deus e o relacionamento entre um homem e uma mulher. Perceba as metáforas usadas. Deus é o marido, e Israel é a esposa; a Igreja é a noiva, e Jesus Cristo é o noivo. A linguagem dos mestres espirituais é sempre a dos apaixonados. Para formar minha opinião, me basta a expressão bíblica e o prazer intenso que a sexualidade promove — que reflete, de fato, que não há nada mais intenso que a presença de Deus.

O SEXO É A EXPERIÊNCIA HUMANA QUE MAIS DEIXA CLARO QUE O SER HUMANO É A IMAGEM E SEMELHANÇA DE DEUS

Ao trazer essa ideia, Karl Barth aponta para certos aspectos bíblicos, especialmente o conceito do Deus trino: Pai, Filho e Espírito Santo como três pessoas, mas um só Deus. A Trindade é um exemplo da perfeita unidade entre iguais. Quando homem e mulher se tornam um no sexo, mostram nossa capacidade de sermos um com outra pessoa que nos é igual.

Diante de todos os argumentos bíblicos que vimos aqui, das observações de Paulo aos coríntios quanto a se fazer um com quem se tem uma relação sexual, e do conceito da união entre homem e mulher no contato íntimo tornando-se uma só carne, percebemos quão sagrada é a sexualidade. Isso sem considerar toda a sua importância para nossa vida e perante Deus. Por essa razão, é algo a ser tratado com cuidado, discernimento, maturidade e coragem. Porque existe uma linha tênue entre a prática sexual responsável e santa e a vulgar e irresponsável.

Sexo irresponsável é, antes de tudo, o realizado fora do casamento. Mas não somente isso. Mesmo dentro do casamento pode haver essa irresponsabilidade, que se dá quando os cônjuges não se entendem, não se respeitam, não promovem o bem e o prazer do outro — são egoístas em seus desejos, entre outros aspectos. Por essas razões, é preciso tratar do tema com cuidado. Uma abordagem errada pode ser o caminho também para a solidão. Sexo não alivia a solidão de ninguém, tampouco é remédio para o abandono. Você deve conhecer pessoas, como eu conheço, que fazem sexo com regularidade, mas são solitárias e, até mesmo, rejeitadas. Nesses casos é ainda pior, pois, no fundo, sabem que estão usando outros ou se permitindo ser usadas.

Da mesma forma que gera bênção, a sexualidade pode gerar maldição. Isso ocorre quando a entrega no sexo não é integral, completa, semelhante ao divino; quando se fragmenta o outro e escolhe-se dele apenas uma parte — sexo e nada mais. Quando esse comportamento acontece, a essência se dissolve, a densidade se perde, o indivíduo se torna incapaz de ter relações inteiras, pois se vicia em contatos diluídos, sexo pelo sexo.

Por essas razões, digo que é importante ao casal que pretende subir ao altar ter certeza de que há um entendimento claro do papel da sexualidade no relacionamento. Essa importância cresce quando percebemos como o sexo vem sendo pervertido e invertido nos dias de hoje. A perversão vem na forma de um liberalismo extremado, vem da maneira vulgar e irresponsável com que a sexualidade é tratada. Vem do sentimento hedonista que impregna a sociedade, da busca do prazer pelo prazer e do momento como o mais importante. Reprimir impulsos, na linguagem de nossos tempos, é ir contra a nossa própria natureza.

A inversão surge em questões como a da homossexualidade, que precisa ser tratada pelos cristãos de maneira equilibrada. Não creio que estejamos fazendo isso. A declaração de uma "guerra santa" contra os homossexuais, levada a cabo por lideranças no Brasil e no mundo, não parece ser a maneira mais apropriada de lidar com essa situação. A Igreja, em grande parte, não tem sabido lidar com a militância *gay*, que cresce em proporções nunca vistas e que encontra apoio em uma mídia inescrupulosa — que, em vez de cumprir seu papel de esclarecedora, se alia à causa e, aos poucos, enxerta valores panfletários no consciente da sociedade. Com isso, cauteriza mentes, especialmente as da juventude, e torna aos olhos do mundo a postura contrária à prática homossexual um desvio social.

Arrisco-me a dizer que, de maneira geral, a Igreja não tem tratado esse caso como deveria. Percebo que ou a postura é condenatória e legalista, ou liberal demais. As duas posições pecam, porque ou não enxergam com os olhos de um Deus de misericórdia ou com os olhos de um Deus justo. Pecam porque esquecem que não há pecados e pecados diante de Deus. Pecamos quando erramos o alvo, e pronto.

A homossexualidade é uma prática condenada por Deus nas Escrituras Sagradas; nós, cristãos, não discutimos isso. Mas está claro que todos carecem do amor e da misericórdia de Deus e que nosso papel, antes de ser o de apontar o dedo condenando, deve ser abrir os braços e dizer: "Estamos aqui para ajudá-lo, se você quiser".

Mas essa inversão vem também quando desenvolvemos um comportamento sexual que anda na contramão do propósito de Deus. Se entendemos que o Senhor nos deu o sexo para ser desfrutado dentro de uma relação de amor e compromisso, invertemos o papel da sexualidade quando a usamos em contatos efêmeros e passageiros, com o foco numa satisfação apenas pessoal. A ideia da intimidade física relacionada com compromisso parece estar se distanciando do pensamento de nossos tempos.

É difícil para os casais falarem de sexualidade, e isso tem a ver com a herança cultural que herdamos. Preconceitos e tabus ainda permeiam a sociedade nesse aspecto e dificultam o diálogo entre os namorados e os noivos. O resultado é que ocorrem apenas dois cenários: os que fazem sexo e os que não fazem. Pesquisa sobre os hábitos sexuais da população do Brasil, realizada pelo instituto Datafolha, mostrou alguns resultados significativos.

Segundo o levantamento, 92% dos brasileiros em idade sexualmente ativa têm interesse pelo assunto, enquanto 96% já tiveram uma relação sexual. Quando se trata de liberalidade, os números variam e apontam que pessoas que se consideram liberadas totalmente a qualquer experiência representam de 21% a 24% do total, enquanto os resistentes variaram entre 14% e 15%. Questionados se já tiveram relações sexuais, os jovens de 18 a 24 anos obtiveram o menor percentual de quem já fez sexo: 87%. Quando perguntados sobre a vida sexual, 77% consideram a sua ótima ou boa. Temem não satisfazer o parceiro 55% do total. E, dentro do assunto *fidelidade*, ela é muito importante para 84% dos brasileiros, mas 40% acham que relacionamentos abertos podem dar certo. Dos entrevistados, 41% afirmaram ter tido a primeira relação entre 14 e 16 anos. Um dado preocupante é que 8% afirmaram já ter feito sexo pela internet.

Os dados, pelo menos como demonstrados pela pesquisa, mostram um Brasil menos conservador do que muitos imaginam. Ainda assim, continua sendo um tabu falar sobre sexualidade, especialmente nas igrejas cristãs. Mesmo que hoje se fale desse tema mais que há alguns anos, ainda há barreiras. No caso dos namorados e noivos, isso deve ser superado para que se possa viver um futuro casamento saudável na área da sexualidade.

Como construir o seu relacionamento sexual

A sociedade atual traz uma ideia distorcida sobre sexo. O que vem sendo transmitido de geração em geração promove a desinformação. Normalmente, trata-se do assunto como um item de consumo, de acordo com a tendência da nossa sociedade consumista, que confunde até as relações humanas. Isso é uma inversão de valores. Falemos sobre isso. Uma das escalas de valores mais usadas até hoje é a do filósofo alemão Max Scheler, um dos primeiros a denunciar o horror do nazismo. Ele trabalhou muito no campo da filosofia da religião. Sua escala segue assim:

Valores úteis: como *adequado, inadequado, conveniente, inconveniente*.
Valores vitais: como *forte, fraco*.
Valores lógicos: como *verdade, falsidade*.
Valores estéticos: como *belo, feio, sublime, ridículo*.
Valores éticos: como *justo, injusto, misericordioso, desapiedado*.
Valores religiosos: como *santo, profano*.

Repare que essa escala funciona como uma pirâmide, com o que é mais vital na base. Chamo atenção para isso de modo que possamos entender que tudo tem um valor, mas deve seguir uma hierarquia. Quando falamos de inversão de valores, significa que estamos pondo o que é útil no lugar do que é sagrado, por exemplo. Uma das consequências disso é que, ao realizarmos essa inversão, passamos a usar as pessoas ou mesmo Deus e a adorar as coisas. Como resultado, surge o materialismo como forma de vida e a acumulação de bens como regra, o que deixa as relações humanas no patamar da utilidade ou não.

Essa postura leva a sexualidade para o patamar da utilidade e, assim, ela começa a ser vista com interesses apenas pessoais. Além disso, torna-se mais comum a cada dia o fato de pessoas não vincularem a sexualidade plena ao casamento, até porque o próprio conceito de matrimônio vem mudando no que diz respeito a compromisso, cada vez mais relativizado.

O princípio divino para a sexualidade é o oposto disso; é uma intimidade crescente associada a um compromisso permanente. Não há como compartimentar o sexo, porque ele é parte importantíssima do relacionamento e afeta todas as áreas dele. Quando nossa relação sexual é parte vital de nosso amor pelo outro, experimentamos uma unidade que permeia todos os níveis de nosso ser. Mike Mason, conhecido escritor na área de vida a dois, diz em seu livro *O mistério do casamento*[2] que no matrimônio não há nada a se esconder um do outro. Ele chama isso de nudez total.

Por outro lado, pode haver situações em que casais usem a sexualidade para resolver conflitos, em substituição ao diálogo, o que é um grande equívoco. Já lidei com casais que reconheceram que tiveram relações sexuais mesmo quando, aparentemente, não havia clima para isso devido ao momento conflituoso por que passavam. Essas pessoas reconhecem que, naquele momento, chegam a pensar que o sexo pode acalmar as coisas, mas, logo em seguida, tudo volta à estaca zero. O desentendimento continua ou pode levar a uma piora na situação, devido ao surgimento de sentimentos de culpa. Eventualmente isso pode acontecer pela capacidade de uma das partes ser manipuladora e conseguir levar a situação para esse lado. Sexo jamais deve ser usado como barganha. Portanto, para um relacionamento saudável na área da sexualidade, deve haver entendimento de que, mesmo sendo uma parte da relação matrimonial, o sexo é algo integral, completo, e não pode se tornar apenas uma área isolada da relação. O sexo é muito mais do que o ato sexual. Não pode ser visto como a simples união de dois desejos e de corpos que se encontram. É a mais íntima relação entre os seres humanos e, por isso, deve ser visto como um todo, algo integral.

Nesse particular, entram em foco as diferenças entre o comportamento sexual de homens e mulheres. Para elas, "o sexo começa na cozinha", como já foi dito por Kevin Leman em sua obra de mesmo nome. Inicia-se com as palavras ditas durante o dia e vão amadurecendo, para chegar até a cama e, ali, encontrar o seu ápice. Para o homem, o ato sexual é algo bem diferente. As mulheres olham mais para o relacionamento como um todo, e os homens enxergam mais a relação em si. E, quando cito o uso do ato sexual como solução de conflitos, tenho em mente a percepção masculina de que pode resolver de fato qualquer problema. Se o relacionamento não vai bem, na mente feminina não há espaço para uma relação sexual prazerosa.

Pensando nesses aspectos, poderíamos dizer que a construção de um relacionamento sexual saudável inicia-se por desenvolver uma personalidade sadia e resolvida. Não é incomum percebermos que as dificuldades nessa área estão ligadas a traumas do passado, abuso por parte de alguém ou ainda uma juventude vivida de maneira devassa e promíscua. Lembro-me de um casal com que lidei certo tempo atrás. Uma das partes, convertida depois de certa idade, tinha desenvolvido sua vida sexual na juventude, sem limites ou regras. A outra parte, cristã de berço, havia se preservado para o casamento. Foi uma grande dificuldade pôr em ordem a vida sexual desse casal. Só foi possível chegar a um ponto de equilíbrio depois que ambos buscaram ajuda profissional, terapia e aconselhamento. Situações semelhantes acontecem com certa frequência. Mesmo que não haja estatísticas sobre o assunto, pela minha experiência e meu trabalho na área, afirmo que não é algo incomum, especialmente entre casais em que uma das partes — o homem ou a mulher — não conheceu Deus na sua juventude. Por isso, a importância de tratarmos desse assunto, pois, pelo menos na preparação matrimonial, é importante que o tema venha a ser trabalhado. Normalmente, os programas de discipulado não envolvem a sexualidade. Quando envolvem, esta é tratada apenas com superficialidade.

Sexo é algo ligado a uma série de marcas de nossa personalidade, fincadas na nossa história. Uma baixa autoestima, associada a um conceito de beleza corporal equivocado, pode causar dificuldades. Vivemos hoje a ditadura da beleza estética, e os padrões ditados pela mídia contaminam a mente das pessoas, que farão de tudo para poderem alcançá-los. As academias de ginástica são hoje um grande ramo de negócios que lucra graças ao desejo imperativo de fazer exercícios por razões, em geral, estéticas. Os apelos de *marketing* começam frequentemente na primavera e anunciam: "Fique em forma para o verão" e, então, divulgam suas promoções. São apelos fortes na área da estética e da forma física.

Não há nada de mau em desejar manter um corpo esteticamente em forma. Não há nada demais em admirar alguém assim e mesmo em ser atraído por esse aspecto. Afinal, o sexo pressupõe atração, e ninguém se sente atraído por uma múmia. O livro de Cântico dos Cânticos é um exemplo da admiração do homem para com a sua mulher e, mesmo não conhecendo quem tenha sido aquela figura, podemos concluir que, aos olhos daquele que fala, ela era a mais perfeita das mulheres. Mas preste atenção neste detalhe: aos olhos daquele que fala. A beleza física é uma questão que envolve preferências, gostos e aspectos que realmente não são necessariamente padrão.

O sexo é uma descoberta para toda a vida, ao mesmo tempo que, no dia a dia de um relacionamento e durante toda a vida a dois, vai se aprendendo mais sobre a realidade do outro e compreendendo melhor como satisfazê-lo. É, ao mesmo tempo, um conhecimento adquirido, seja pelos conselhos, seja pela Bíblia, seja pela própria natureza. E ocorre em aprendizado contínuo, na medida em que se conhece mais o outro e suas particularidades. A Bíblia trata com muita honestidade essa relação. Cântico dos Cânticos é um poema erótico e lindo. O autor expõe e celebra, sem qualquer vergonha, o misterioso poder do dom divino da sexualidade. É uma linda declaração do amante e de sua noiva. Lamentavelmente, esse texto é pouco explorado nas igrejas e, quando isso ocorre, muitas vezes é considerando que seja uma alegoria de Jesus e a Igreja. Só que, de fato, não se trata disso; é amor mesmo: sexo como bênção de Deus.

Ao escrever aos coríntios, Paulo dá instruções que incluem aspectos da relação entre marido e mulher. Em sua preocupação pastoral, ele afirma que eles devem dar um ao outro o que é devido. "O marido deve cumprir os seus deveres conjugais para com a sua mulher, e da mesma forma a mulher para com o seu marido." (1Co 7.3.) O contexto fala de um relacionamento sexual. Mas existem situações em que marido e mulher têm desejos diferentes, e o dia a dia, o cansaço, o estresse e outros fatores levam a vida íntima a ser comprometida. O casal deve ter a convicção de que encobrir suas dificuldades nessa área não ajudará em nada. Muitos casais vivem no silêncio quando alguns problemas sexuais acontecem. Desde já devem saber que esse silêncio não ajudará nem um pouco na construção de uma relação amadurecida. A melhor atitude ainda é uma boa conversa.

Ainda falando de desejos diferentes, é importante ressaltar que não há instrumento mais valioso do que o namoro saudável. Quando uso o termo *saudável*, estou dizendo que um namoro tem seus propósitos, e um dos erros recorrentes entre casais é não os levar em conta, vivendo a realidade do namoro como algo superficial — em muitos casos, como uma simples espera para o momento do casamento, que virá, principalmente, quando houver as condições financeiras adequadas. Isso é um desperdício. O namoro em que não se conversa, não se expõem ideias e valores nem se discute o futuro não pode ser considerado namoro saudável, pois não cumpre um de seus principais propósitos: conhecer o outro. As preferências sexuais mantidas ocultas nessa fase têm grande probabilidade de vir à tona no futuro como algo negativo e que certamente vai gerar dificuldades na vida matrimonial.

É importante ainda compreendermos que o namoro e a sexualidade têm um vínculo muito estreito, mas que varia de acordo com a maturidade e o próprio tempo de relacionamento. Antecipações, nesse caso, são desnecessárias. Adolescentes que estão namorando devem viver o momento adequadamente, sob orientação, principalmente, da família. Não se faz necessário que nessa fase sejam discutidos em profundidade assuntos que ainda não fazem parte do universo dos jovens, uma vez que cada fase da vida deve ser vivida com suas particularidades. Com o caminhar do namoro — ou dos diferentes namoros que esses jovens venham a ter —, isso fará parte do aprendizado. Chegará o momento em que as coisas se definirão e a pessoa com quem estão se relacionando se tornará aquela com quem pensam em ir para o altar. Aí, sim, o assunto deverá ser tratado abertamente. Essa é uma das razões pelas quais sempre me preocupo com o casamento de jovens em idade prematura. Na nossa cultura, mesmo com o aumento da idade média em que as pessoas se casam, ainda se cobra de um casal de maneira muito intensa a decisão de se unir. Isso leva muitos a tomarem essa decisão de forma prematura. A sexualidade é um bom exemplo de que o matrimônio deve acontecer no momento adequado e com maturidade compatível. A esse respeito, sugiro aos casais a leitura do livro *O que não me contaram sobre casamento mas que você precisa saber*,[3] de Gary Chapman.

Outra questão a ser levantada é como lidar com os relacionamentos passados, porque podem surgir sentimentos de ciúmes, culpa e mesmo feridas nessa área. Tudo isso pode gerar problemas na construção de uma relação saudável. A maneira mais objetiva de lidar com isso será sempre nesta ordem: diálogo, perdão e oração. Todo casamento deve ser baseado em honestidade e verdade. Há casos em que se deve ir ao extremo de fechar a janela do passado. Isso pode incluir desfazer-se de fotografias, cartas e lembranças de outros relacionamentos.

A RELAÇÃO SEXUAL NO NAMORO

Quando a relação sexual deve acontecer? Na concepção cristã, sofremos de pelo menos dois males. Um ligado a uma tradição repressiva e outro ligado a uma permissiva. Cristãos nominais, de uma forma geral, pouco se preocupam com isso e tendem a agir de maneira independente. Já os de tradição evangélica tendem a se preocupar mais com esses aspectos.

O bispo anglicano Robinson Cavalcanti escreveu em seu livro *Uma bênção chamada sexo* que o sexo tem seu lugar no namoro — mas com limites, entenda-se. Isso se refere à sexualidade como algo que envolve afeto, carinho e toque físico não lascivo. Pois, mesmo sendo limitadas, essas manifestações têm um importante papel nessa fase — porque é pelo namoro que queremos chegar ao casamento, onde haverá a realização plena da relação sexual.

O namoro é feito entre um rapaz e uma moça, entre pessoas de sexos diferentes. José é José, e Maria é Maria; um é o rapaz, e outro é a moça; um é o homem, e outro é a mulher. Por isso, se atraem, necessitam um do outro e se complementam. É nessa dimensão ampla da sexualidade que, de modo sadio e cristão, não se separa o sexo do amor, do afeto e do sentimento.

Assim, também, não se pode esquecer que namoro é namoro e casamento é casamento. As características são diversas, e o proceder deve ser igualmente distinto. Cada coisa tem seu tempo. Do início do namoro até a realização do casamento, a integração sexual ocorre paulatinamente, à medida que crescem os sentimentos, e a responsabilidade é uma forma de amar. Precauções devem ser tomadas — sem extremismos — para que o mero instinto não seja dominante, mas, sim, integrado ao todo que nos faz dignos de sermos chamados seres humanos. O carinho é lícito como expressão de sentimento, mas sem chegar ao ponto de se identificar com os estímulos preparatórios à conjunção carnal.

O mais sensato para uma relação sexual plena é que ela aconteça dentro do casamento. O princípio bíblico leva para a direção de uma vida sexual completa dentro do matrimônio. A precipitação, nesses casos, tem levado jovens a sofrerem no futuro. Afirmo isso com base em minha experiência no trato com jovens casais e na percepção de que uma sexualidade antecipada compromete o bom desenvolvimento da personalidade.

É perceptível quando jovens, de maneira prematura, praticam o sexo pleno no namoro. Há comportamentos que observo em rapazes e moças feitos reféns de uma sexualidade antecipada. De maneira geral, percebo culpa caso aquele relacionamento acabe, por exemplo. É como se o pensamento fosse mais ou menos assim: "Já dormimos juntos. Agora precisamos manter esse relacionamento de todas as formas". Mesmo sem expressar esse sentimento, em alguns casos o tenho detectado sem a necessidade de que uma das partes me diga que a relação sexual aconteceu e que estão agora reféns dessa situação.

Em boa parte dos casos, isso acontece com as garotas e, mais comumente, dentro do meio cristão evangélico. Acompanhando o jovem casal, percebo nitidamente que não estão mais se relacionando bem e que uma das partes está desinteressada ou em conflito, mas a outra tenta manter a relação a todo custo. Daí vêm algumas declarações clássicas, que nem sempre correspondem à realidade, mas são ditas para justificar a manutenção do relacionamento. Algo como: "Ela é a mulher da minha vida. É com ela que quero me casar!". Se pergunto por que a pessoa que fez a afirmação pensa assim, já que as coisas não estão se encaixando e isso não parece fazer sentido, nenhuma resposta me convence — a não ser quando incluo o sentimento de culpa como possibilidade. Por isso afirmo que não são poucos os casos em que esses jovens se tornam reféns de suas atitudes sexuais precipitadas no namoro.

Estamos falando de um relacionamento no qual entendemos que a vontade de Deus é buscada em todos os sentidos. Quando tomamos a decisão de entregar tudo nas mãos do Senhor, naturalmente incluímos o namoro, que deve existir para glorificar a Deus. Na perspectiva cristã, e segundo a Bíblia, a plenitude da sexualidade deve acontecer dentro do casamento. Se entendermos que essa é a vontade e o propósito do Senhor, compreenderemos que sair desse propósito trará consequências para a nossa vida, assim como em qualquer área de nossa existência. Se existe o entendimento de que seguir o propósito de Deus é trilhar por uma vida onde o futuro se vê como consequência de nossos atos e decisões, por que excluir esse aspecto do raciocínio? Claro que haverá consequências em uma antecipação da sexualidade, porque tentar viver fora dos princípios divinos traz consequências em tudo que fazemos. Paulo escreveu aos Gálatas: "Não se deixem enganar: de Deus não se zomba. Pois o que o homem semear, isso também colherá" (Gl 6.7).

Esses aspectos me parecem importantes e devem ser considerados. Não é sem motivo que, nas leis do povo hebreu, havia uma norma especial para os recém-casados que os punha em diferente posição dos demais homens quando se tratava, por exemplo, de ir para a guerra. Os rapazes que tinham acabado de se casar só poderiam ir para a batalha depois de um ano de convívio com a esposa. A razão dessa medida é relatada na

Bíblia: "Se um homem tiver se casado recentemente, não será enviado à guerra, nem assumirá nenhum compromisso público. Durante um ano estará livre para ficar em casa e fazer feliz a mulher com quem se casou" (Dt 24.5). Ou seja, a Lei e a sabedoria divinas nos dizem que o primeiro ano de convívio do casal é período de aprendizado e crescimento, e isso deve ser preservado. O princípio de que existe um período para ajustes é muito claro, embora hoje esse mandamento não tenha, para nós, força de lei.

Alguém pode defender que a experiência sexual antes do casamento trará maior maturidade para administrar o sexo quando vier o matrimônio e a escolha definitiva de um parceiro. Pode até parecer lógico, mas não é o que dizem as pesquisas. Gary Chapman, em *O que não me contaram sobre casamento mas que você precisa saber*, comenta pesquisas que mostram: o índice de divórcio entre as pessoas que tiveram experiência sexual antes do casamento supera em duas vezes o das que não tiveram. Ele defende que essa experiência prévia geralmente se torna uma barreira psicológica para se atingir a unidade no matrimônio e afirma que "o passado nunca permanece no passado".

Uma perspectiva bíblica

Há quem defenda que o tema não é tratado diretamente nas Escrituras. Creio que a vida cristã não é regida apenas por leis e regras, mas, sim, por princípios — e que nem sempre um propósito de Deus está delineado em textos claramente expressos. Nesse caso, porém, não resta dúvida de que o conselho apostólico seja para uma vida ordenada e santa. Vejamos, por exemplo, o conselho de Paulo aos coríntios: "Digo, porém, aos solteiros e às viúvas: É bom que permaneçam como eu.

Mas, se não conseguem controlar-se, devem casar-se, pois é melhor casar-se do que ficar ardendo de desejo" (1Co 7.8-9).

De acordo com o texto original, o conselho para os solteiros e as viúvas é o de se manter como Paulo: sem se casar ou celibatários. O texto traz uma relação que, segundo Fritz Rienecker e Cleon Rogers,[4] o apóstolo assume como verdadeira a sua condição de não casado. O artigo pode sugerir também um conselho generalizado: se a pessoa não tem poder sobre si mesmo, então que procure o casamento, pois isso seria melhor do que estar "abrasado", ou seja, "queimando em paixões". O interessante é que o texto pode sugerir a dimensão de pecado quando permite a ideia de queimar no *gehena* (inferno) por causa da fornicação. A ideia apresentada é a de que o casamento seria o remédio de Deus contra a luxúria. Segundo Marvin Vincent,[5] a ideia de abstenção é a mesma da referência ao atleta que se submete a um treinamento rigoroso. Ele comenta que a palavra *controlar-se*, usada aqui, ocorre apenas em 1Coríntios 7.9 e 9.25, em referência aos atletas que se abstinham *controlando-se* das indulgências sexuais antes da competição — pois isso era visto, na época, como prejudicial ao seu desempenho na prática esportiva. Hoje sabe-se que essa relação não é totalmente verdadeira, mas o princípio ultrapassa o tempo e chega até nós com a mesma força.

O capítulo trata do casamento e de outros aspectos ligados à sexualidade. O conselho do apóstolo é: se não conseguem se controlar, devem se casar para não entrar em fornicação, não queimar em paixões ardentes. Claramente, ele defende que o sexo deve ser vivido dentro do casamento, porque o viver abrasado, inflamado em paixões, não é salutar. Está explícito e implícito aqui que a conjunção carnal, a relação sexual plena, deve se dar dentro do matrimônio. Este é o princípio bíblico e, para nos conservarmos nele, devemos resistir às tentações — o que, em nossos dias, não é fácil, diante da permissividade que há e pela maneira que nossa cultura trata a sexualidade. Para isso, Paulo, diz: "Não sobreveio a vocês tentação que não fosse comum aos homens. E Deus é fiel; ele não permitirá que vocês sejam tentados além do que podem suportar. Mas, quando forem tentados, ele mesmo lhes providenciará um escape, para que o possam suportar" (1Co 10.13).

A ênfase aqui está em vencer a tentação. Não deve ser vista apenas como uma luta contra o desejo, mas, sim, como a decisão de seguir uma postura que se choca com a cosmovisão de nossa sociedade atual. Isso deve ser visto também — e principalmente — sob o ponto de vista da coerência. Por isso, não devo abrir mão de princípios eternos ao tratar de comportamentos.

Pessoas que namoram há muitos anos tendem a justificar a necessidade de ter uma vida sexual plena fora do casamento dizendo, por exemplo, que não se casam porque não têm condições financeiras. Sempre respondo que nunca devemos comprometer nossos valores. Se abrimos mão de princípios, estamos fazendo concessões que devem se aplicar a qualquer outro aspecto da vida. Nada é mais prazeroso do que construir uma vida juntos. A visão de que para nos casarmos devemos ter tudo materialmente resolvido pode privar as pessoas desse aspecto de construção conjunta.

Portanto, quando glorificamos a Deus mediante a preservação da pureza, não estamos dizendo que a sexualidade seja suja, mas que pureza tem a ver com os padrões divinos em oposição aos mundanos. Quando Paulo escreve aos tessalonicenses e aos coríntios, enfatiza a obediência ao padrão divino, que é diferente do padrão secular. No mundo, a lascívia, a fornicação e a prostituição têm uma presença forte. A preservação da virgindade antes do casamento significa nadar contra a corrente na sociedade de hoje, que pensa e faz exatamente o contrário, defende o sexo livre e descompromissado. Mesmo quando os padrões cristãos se contrapõem aos que estamos acostumados a ver na cultura que nos cerca, devemos permanecer fiéis.

A revista *Cristianismo Hoje*[6] publicou uma reportagem bastante completa, em que comenta pesquisa feita pelo Bureau de Pesquisa e Estatística Cristã (www.bepec.com.br) sobre a sexualidade dos cristãos evangélicos de diversas denominações. Os resultados mostram uma diversidade de opiniões e comportamentos, e não me surpreende que assim seja. Há hoje uma pressão muito grande sobre o comportamento das pessoas na sociedade, e o apelo a estar alinhado com o pensamento atual é muito forte, em especial no meio da juventude. Por outro lado, a mesma pesquisa mostra que muitos tomam suas decisões guiados pela sua consciência e pelos princípios bíblicos, a despeito dos valores da sociedade secular.

Quando a sexualidade é vista apenas como um ato físico, um escape para alívio de tensões, ela está fora dos propósitos de Deus. A sexualidade vai além do ato sexual, é algo amplo, que envolve todo o ser. Talvez por essa razão as principais religiões enxerguem o ato sexual como algo a ser vivido de forma plena apenas numa relação estável, que une duas pessoas em suas maiores intimidades e para toda a vida.

Limites

Já tratamos sobre limites no que diz respeito ao tempo em que, pelos princípios bíblicos, devem acontecer relações sexuais plenas. Mas há ainda outros limites que importunam a mente dos casais, relacionados ao tipo de relação que pode ou não acontecer. Algumas das dúvidas mais frequentes dizem respeito a sexo oral e anal.

Biblicamente não parece haver referências diretas que nos levem a impor limites a essas práticas. Alguns grupos advogam que elas são abominação para Deus, com base em textos bíblicos — em especial de Gênesis e Romanos. Outros defendem essas mesmas práticas sob a alegação de que os referidos textos se aplicam apenas aos casos de homossexualidade. De uma forma ou de outra, não nos parece sábio tratar desse assunto apenas sob o ponto de vista legalista. Por mais que insistamos nos termos bíblicos, dificilmente haverá um consenso sobre o assunto. No entanto, nos parece mais sábio utilizar o bom senso.

Toda relação do casal deve ser tratada com extrema transparência. E a sexual não foge desse padrão. Uma sexualidade sadia deve acontecer sempre em concordância. Tudo o que acontecer entre as quatro paredes do quarto de um casal deve ter o aval de ambas as partes. Caso contrário, aquilo será um estupro, que, por definição, é a prática não consensual de conjunção carnal, imposta por meio de violência ou grave ameaça de qualquer natureza.

Já lidei com situações em que fui procurado por mulheres forçadas pelo marido a ter um tipo de relação sexual com que não concordavam. Em alguns casos elas cediam. Houve situações em que tinham de se submeter até a chantagem, pois, se não fizessem o que o parceiro desejava, ele ameaçava buscar outra mulher com quem pudesse realizar suas vontades. O assunto, portanto, não deve ser resolvido apenas sob o prisma de uma lei.

Os limites na sexualidade de um casal devem ser estabelecidos por ele e em concordância. Tudo o que acontece nesse relacionamento é do interesse exclusivo das partes e de mais ninguém.

Mais uma vez, a ausência de debate sobre o assunto nos relacionamentos mais maduros de namoro ou de noivado faz com que o casal não saiba lidar com a sexualidade. A família e a igreja têm um papel fundamental nesse acompanhamento.

Existe, ainda, uma bibliografia extensa e interessante, que pode ajudar muito os casais nessa preparação.

O jovem casal precisa compreender sempre os papéis desempenhados por ambos na sexualidade. O comportamento feminino e o masculino são tão opostos como os aspectos morfológicos de seu gênero. Um rapaz que chega à lua de mel sem saber que as mulheres cozinham em fogo brando e os homens chegam ao ponto de fervura muito mais rápido poderá ter muitas dificuldades no desenvolvimento saudável da sexualidade dentro do casamento.

Meu conselho

Espere. Sim, espere que chegue o momento do casamento e que, na lua de mel, vocês possam se descobrir sexualmente. Não aceitem os argumentos de pessoas que vivem longe do padrão divino. Optem pela vontade de Deus.

As justificativas para antecipações soam até como algo lógico. Mais tarde, porém, práticas decorrentes dessas explicações podem se transformar em problemas. Lembro também que relacionamentos muito demorados tendem a gerar essa ansiedade. A verdade é que jovens namoram, em sua maioria, muitas vezes e a vivência de uma sexualidade plena em cada um desses namoros poderá produzir um sentimento de vulgaridade, especialmente entre jovens de uma comunidade restrita como é uma igreja local. Para o bem de vocês, conversem muito sobre seus conceitos de sexualidade, até encontrar a pessoa com quem, de fato, se casarão. Não se iludam: a sexualidade é uma parte vital no relacionamento do casal e, se não houver clareza, unidade e satisfação nessa área, a relação como um todo poderá ser comprometida.

11

Deixa assim. Depois do casamento não vai mudar?

Espero alguma mudança em meu futuro cônjuge após o matrimônio?

Viver é mudar, e ser perfeito é mudar frequentemente.
John Henry Newman

Rapazes e moças relevam características importantes da personalidade de seu par das quais não gostam, ou não as suportam, mas aturam. E toleram na expectativa de que, durante o casamento, as coisas evoluam e o cônjuge venha a mudar. Isso é bastante questionável e pode até ser considerado uma falácia. Manter essa expectativa é como dar um salto no escuro e entrar em uma relação tão íntima como o casamento com uma nuvem pairando sobre ele.

Para que fique bem claro, não estou afirmando que as mudanças não possam ocorrer na vida das pessoas — e principalmente de cônjuges — no decorrer do matrimônio. Tenho visto indivíduos que mudaram positivamente no decorrer do casamento, mas isso ocorre em uma proporção bem reduzida diante dos inúmeros casos de decepções entre casais que esperavam outra postura do marido ou da esposa. Por isso reitero que desejar mudanças no seu cônjuge pode ser aceitável, mas viver no silêncio durante o namoro e ter a expectativa de transformações no futuro é um risco. Creio mesmo que tanto maridos quanto esposas podem, sim, ter a expectativa de mudanças — afinal, isso faz parte do crescimento de qualquer ser humano. Mas, ao se casarem, devem também ter a consciência de que, se o outro não mudar, é preciso estar disposto a viver com ele e o amar.

Há quem defenda que mulher e homem veem um ao outro sob perspectivas diferentes. De maneira geral, ele pensa nela com um sentimento mais vinculado à aceitação de que ela nunca mude, permaneça sempre carinhosa, amante, alegre, cheia de vida e que o valorize acima de tudo e de todos. Ele deseja essa cumplicidade, e isso o excita. Por outro lado, a mulher vê o homem e o idealiza numa perspectiva de mudanças: "Quando nos casarmos, ele vai mudar". Em outras palavras, ele espera que ela nunca mude, e ela espera que ele mude. Essa mensagem comunica o fato condicional de que, se você quer ser amado, precisa mudar — destruindo naturalmente o prazer e o desejo que vêm de uma aceitação e uma admiração incondicionais.

Quando se precisa sacrificar a própria identidade para ser querido, surge um sentimento de vazio, de inadequação. No homem, isso oprime a sua masculinidade e o deixa apático; na mulher, provoca feridas na sua autoestima. A obra de Emerson Eggerichs, *Amor e respeito*,[1] trata desse aspecto muito bem. É uma leitura altamente recomendada para casais e também para os que pretendem se casar. Em resumo, ele afirma que os homens desejam respeito e as mulheres desejam amor.

As mudanças em ambos somente ocorrerão quando o que ele chama de *ciclo insano* encerrar. Esse círculo vicioso é causado pelo sentimento de revanche: "Ele não me trata com amor; então, eu não o respeito". Fica claro que para se encerrar esse ciclo é preciso haver mudanças radicais de atitude de ambas as partes. Se você está namorando alguém ou se está em fase de noivado, é bom que esteja atento a isso. Perceba se esse ciclo acontece em seu relacionamento em algum nível e, se acontecer, trate dele antes de subir ao altar. Caso contrário, seu casamento será um balcão de cobranças por causa da expectativa de mudanças — que dificilmente acontecerão.

Existe aquela atitude, aquele comportamento, de que você não gosta e, em alguns casos, não suporta no seu noivo, mas que, lá dentro, você acredita que mudará após a cerimônia de casamento. Não siga nessa linha, simplesmente porque não seria prudente ter esse ponto de partida. É importante assumirmos que não podemos entrar em um matrimônio pressupondo que, por nosso esforço, mudaremos o outro. É melhor entendermos que ninguém muda ninguém. Mudanças, mesmo sendo algo que pode acontecer, não devem fazer parte da sua expectativa como fruto de um esforço alheio à própria pessoa. Atitude é algo que faz parte do crescimento de alguém, de seu desenvolvimento como ser humano, e dificilmente acontecerá se for forçado por um cônjuge.

Quando Paulo aconselha que a esposa cristã santifique o marido e vice-versa, parece querer dizer que a capacidade deles de compreender, amar apesar de algo, abrir mão e ter paciência são atitudes que podem levar a relação a ser abençoada. "E, se uma mulher tem marido descrente, e ele se dispõe a viver com ela, não se divorcie dele. Pois o marido descrente é santificado por meio da mulher, e a mulher descrente é santificada por meio do marido. Se assim não fosse, seus filhos seriam impuros, mas agora são santos" (1Co 7.13-14).

Lembro-me de alguns casos que acompanhei. Um deles tratava-se de um rapaz extremamente mesquinho e uma moça trabalhadora, que gostava de ter suas coisas. Mesmo com condições, ele optava pela pior qualidade das coisas para o enxoval.

Também manipulava o dinheiro dela, transferindo-o para sua conta. O raciocínio daquela jovem foi correto. Depois de muitas oportunidades e de tempo suficiente, ela concluiu que seu casamento continuaria naquele padrão. Não demorou e ela terminou o noivado. Ela não alimentou a esperança de que ele mudaria após a cerimônia, mas percebeu que seria muito desgastante levar aquilo adiante.

Voltando à questão levantada por Eggerichs sobre amor e respeito, analiso os casais casados que acompanho e percebo que o *ciclo insano* está presente em muitos deles. E levá-los a uma mudança de atitude é a parte mais difícil.

Pessoas mudam, mas só quando desejam e enxergam a necessidade de mudança. Isso requer esforço e crescimento. Pessoas que mantêm um comportamento durante o período de namoro e noivado dificilmente virão a mudar. Um namorado violento provavelmente será um marido violento. Uma namorada fútil não será uma esposa intelectual. Alguém com uma fé superficial não será um cristão comprometido. A menos que, em uma experiência pessoal, enxergue, deseje e busque essa mudança. Só que essa transformação não dependerá do parceiro.

O português Antônio Vieira foi um dos grandes pensadores sobre o amor. Religioso, escritor e orador da Companhia de Jesus, foi um dos mais influentes personagens do século 17 em termos de política e oratória. Ele discorreu sobre o amor verdadeiro com uma leveza de palavras peculiar. Em uma de suas mensagens, afirmou que só Jesus amou verdadeiramente, porque amou sabendo *quem amava* (ele mesmo). Isso quer dizer que ele se conhecia, tinha ciência do que estava fazendo (Jo 13.1). Da mesma forma, Vieira ensinou que o amor verdadeiro ama sabendo *a quem ama*, a saber, os discípulos que estavam no mundo — homens falhos, que nem sequer lhe retribuíam o amor que recebiam. Ele amava e sabia *a quem amava*: a pessoa que estava ali ao seu lado, mesmo quem o traía e quem falhava. Ele não construiu uma imagem de alguém que desejasse amar.

Vieira declarou que a segunda ignorância que tira o merecimento ao amor é não saber quem ama e a *quem ama*. Perceba a semelhança nos relacionamentos humanos e falhos. Muitas vezes amamos *a quem não conhecemos*. Fazemos uma imagem de alguém, idealizamos essa pessoa e procuramos em um indivíduo a representação de quem idealizamos em nossa mente — e que, de fato, não existe. Assim, cremos que o outro vai mudar depois do casamento. Quando isso não acontece vem a frustração. Escutei certa vez uma palestra sobre esse tema com o pastor batista Ed René Kivitz, na qual ele disse, bem-humorado: "Nesse tipo de relacionamento podem existir até quatro personagens: eu, meu cônjuge e os outros dois que cada um de nós idealizou. Quando sentamos, somos nós quatro, e aí você pode imaginar a confusão".

O amor humano e imperfeito corre o risco de amar aquilo que não existe, o objeto de seu desejo, o que está na sua mente — aquela figura idealizada, e não alguém palpável, que de fato existe. A mulher ama aquele homem fiel com que sonhou, mas quem está de fato ao lado dela pode ser um indivíduo infiel e adúltero; o homem ama aquela mulher que imaginou que lhe serviria, a de Provérbios 31, virtuosa até a raiz do cabelo, mas pode ser que ao seu lado esteja alguém que o mande se virar na cozinha. As moças crescem idealizando-se como uma Branca de Neve ou uma princesa que um dia se casará com o príncipe encantado sem defeitos. Mais tarde, quando percebem o engano, amadurecem e passam a conhecer a si mesmas e aquele a quem pensavam amar, vindo a decepção. Tudo volta a ser sapo, e o sonho se encerra com uma profunda desilusão. É quando você escuta a frase "Não foi com essa pessoa que me casei!". Mas não esqueça que também não foi *esse você* quem se casou anos antes.

Por isso, em meus momentos com os casais que estão na rota do altar insisto em que não esperem mudanças futuras nos pontos em que estão vendo possíveis conflitos. Procure entender claramente a quem está amando. Será ele alguém que você idealiza ou alguém que sabe quem é — e o ama *apesar de*? Para que tudo isso possa fluir em nossa vida com menos dificuldade, entendo que a presença de Deus (o que Paulo chama de "ter a mente de Cristo") deve ser uma realidade em nós. Nosso nível de relacionamento com ele é fundamental para que se tenha esperança de mudanças radicais. Creio na possibilidade de transformações, pois vemos na Bíblia covardes se tornarem heróis, tímidos virarem ousados, amedrontados se transformarem em mártires, perseguidores acabarem como seguidores. A ideia de que as pessoas não mudam é um mito que, quando entra no casamento, pode arruiná-lo. Pois a ideia leva à acomodação e a uma vida diferente da pretendida por Deus para seus filhos. Por outro lado, é temerário ter como padrão o pensamento "Depois do casamento, meu cônjuge muda".

Uma das áreas em que falhamos ao tentar prever o futuro é a da personalidade e suas preferências. Durante o namoro, no calor da paixão e do romance, algumas das características de nossa personalidade podem passar despercebidas e virão à tona apenas com a rotina do casamento. Não vou tentar esgotar todas as possibilidades, mas, quando se trata de personalidade, falamos sobre ser otimista ou pessimista, gastador ou poupador, organizado ou desleixado, passivo ou ativo, contemplador ou executor, e tantas outras marcas do nosso eu que podem ser ajustadas — mas, para isso, melhor será percebê-las na fase de namoro. Sabendo que elas existem, de antemão será importante procurar ajustá-las e levá-las a um denominador comum, o que evitará conflitos futuros.

Meu conselho

O namoro e o noivado são períodos de experiência excelentes para perceber o que poderá ocorrer no casamento. São fases de descobrimento de identidade e do mundo do outro. Como cristão, creio em todas as possibilidades de mudança. Tenho minha própria experiência para me estimular a crer nisso. Vivi muitas mudanças em minha vida e ainda tenho muito para mudar, mas todas ocorreram após ter entregado minha vida a Jesus, buscando seguir sua excelente vontade. Acredito numa mudança de natureza por intervenção divina, mas não creio em transformações baseadas na boa intenção humana. Só o esforço humano não é suficiente para isso. Novamente: o namorado que é grosseiro e mal-educado será um marido desse tipo. O noivo que é violento não se tornará um cavalheiro. A noiva ciumenta e possessiva assim será como esposa. A não ser que a graça de Deus os alcance e eles respondam positivamente a essa graça. Isso, sim, abrirá possibilidades de mudança.

Por isso recomendo que não entre no casamento conhecendo uma pessoa e esperando que ela se torne outra. Antes, viva seu namoro e seu noivado até conhecer o suficiente a pessoa com quem você está se relacionando. Converse sobre os aspectos que não lhe agradam no outro, esclareça a sua posição. Afinal, o namoro existe para conhecimento mútuo. É possível que o seu cônjuge desenvolva comportamentos que, mesmo com todo o cuidado que teve no namoro, você nunca tenha percebido. Pode ser algo que estava oculto ou que se manifestou durante a vida a dois — e, nesse caso, a vida a dois é a dois, e a dois precisa ser vivida; ou seja, se for o caso, a melhor saída é o diálogo. Qualquer expectativa que vier além disso poderá gerar desapontamentos futuros.

....

12

"Até que a morte nos separe." É para valer?

Estou pronto para passar o resto da minha vida ao lado de meu futuro cônjuge?

> *A medida do amor é amar sem medida.*
> Agostinho de Hipona

Certa vez, perguntei a um jovem que namorava uma garota na igreja fazia um bom tempo:

— Por que você a está namorando?

Ele respondeu:

— Porque ela é legal.

— Mas é legal mesmo? — insisti.

— Gente boa.

A pergunta seguinte foi mais a fundo.

— Você gostaria de passar o resto de sua vida junto dela, dormindo e acordando todo dia, partilhando a casa, a cama, a mesa?

— Humm — resmungou.

Só me restou a última cartada:

— Você já viu essa moça antes de lavar o rosto e escovar os dentes?

— Pastor, a gente só está namorando! — encerrou.

Nessa breve conversa, identifico pelo menos um fato: existem pessoas que veem o namoro como algo dissociado do casamento. São distintos, mas, ao mesmo tempo, são ligados e dependentes. Enxergar o namoro como algo fortemente separado de um futuro casamento é um erro comum.

Nem todo namoro deve estar comprometido com um casamento. Mas, por outro lado, não devemos banalizar o namoro. Como podemos verificar se ele está sendo levado a sério ou não? Costumo pensar de maneira objetiva e simples, por isso fica claro para mim se o namoro está seguindo o seu propósito quando pergunto aos namorados se eles se veem juntos para sempre! Se eles conseguem se visualizar partilhando a vida e envelhecendo um ao lado do outro. Não significa que a decisão de se casar precise ser tomada logo, mas indica se existe essa possibilidade a partir do que eles estão vivendo e se conhecendo até aqui. Ninguém pode responder a essa pergunta com um *não* e defender que está namorando para valer. O que indaguei àquele jovem já me foi respondido com certo espanto, algumas vezes com uma negação da possibilidade de algo além de um simples namoro.

O namoro não é apenas a descoberta da pessoa que será sua companheira, mas, sobretudo, a descoberta do amor em si. Aqui vamos percebendo que somos feitos para amar e também ser amados. Amar não é fácil como se imagina na época dos primeiros sonhos. É importante saber que o amor é custoso, e temos de saber que custo é esse. Uma leitura de 1Coríntios 13 pode nos mostrar o custo de amar. A pessoa amada exerce fascínio, mas impõe também alguns sacrifícios. A percepção de uma partilha para toda a vida começa, portanto, na fase inicial do relacionamento.

Naturalmente, isso vai crescendo e se consolidando. A alegria de estar juntos e a ideia de partilhar o resto da vida é o momento em que o noivado começa, com jantar e pedido da mão da noiva ou sem o cumprimento do protocolo. Isso acontece quando, em primeiro lugar, pomos juntos as nossas vidas diante de Deus, porque, a partir daí, desenvolvemos uma relação que obedece ao que o Senhor diz, e não ao que os nossos desejos pessoais anseiam. Em segundo lugar, se a sua relação é levada por suas concessões aos valores de Deus, saiba que você está dentro do grupo de risco que verá tudo ruir de uma hora para outra.

Como cristãos, temos o conselho bíblico, com as recomendações de Jesus sobre esse particular. Cristo foi muito claro quando disse que o plano perfeito de Deus era que a pessoa que se casa deve permanecer casada por toda a vida com o mesmo cônjuge. Ele acrescentou que nossos erros e nossas separações se dão pela dureza do nosso coração (Mt 19.8). Percebo que, em muitos casos, os cristãos diferenciam injustamente os tipos de pecado. Vivemos em uma cultura na qual o conceito de pecado está envolvido em argumentos legalistas sobre o certo e o errado. Ao considerarmos o que é pecado, pensamos em violações dos Dez Mandamentos. Mesmo assim, temos a tendência de enxergar homicídio e adultério como grandes pecados, maiores que mentira, linguagem torpe ou idolatria. A verdade é que o pecado, como definido nos textos originais da Bíblia, significa "não atingir a marca". A marca, nesse caso, é o padrão de perfeição estabelecido por Deus e vivido por Jesus. Avaliados nesse contexto, é evidente que todos nós somos pecadores. Paulo deixou claro que "todos pecaram e estão destituídos da glória de Deus" (Rm 3.23).

À luz dessa verdade, não é bom nos compararmos uns com os outros. Não podemos fugir da nossa incapacidade de ser justos com a nossa própria força. Foi dessa forma que Deus nos fez, porque só quando compreendemos a nossa fraqueza é que consideramos quanto precisamos do sacrifício expiatório de

Jesus. Deus quer que reconheçamos os nossos pecados. Mesmo os que nunca assassinaram ou cometeram adultério serão considerados pecadores — por mentir ou cultuar falsos ídolos, por exemplo. Tragicamente, o pecado, em qualquer quantidade, nos afasta de Deus. "Vejam! O braço do SENHOR não está tão encolhido que não possa salvar, e o seu ouvido tão surdo que não possa ouvir. Mas as suas maldades separaram vocês do seu Deus; os seus pecados esconderam de vocês o rosto dele, e por isso ele não os ouvirá." (Is 59.1-2.)

Portanto, estamos em pecado todas as vezes que, deliberadamente, saímos do propósito de Deus. Só que não é o que percebo na prática cristã corriqueira — e, em muitos casos, nas igrejas. O sonegador, o mau pagador dos funcionários, a mãe displicente com sua casa e o marido que trata mal sua esposa, por exemplo, passam despercebidos na prateleira preferida dos pecados eclesiásticos. O nome disso é *hipocrisia*: máscaras são utilizadas para encobrir a face pecadora e se esconder da verdade. Não há como dizer outra coisa.

O casamento é alvo dessa hipocrisia quando um matrimônio equivocado é tratado como algo imperdoável. Chamo de "equivocado" no sentido de ter sido uma decisão precipitada, uma atitude irrefletida montada apenas sobre a paixão e que, por isso, terminou por não prosperar. A Bíblia não diz que esse equívoco é imperdoável. Aliás, ela deixa claro que o único pecado sem perdão é a blasfêmia contra o Espírito Santo. Não desejo fazer um tratado teológico, mas sugiro um estudo mais apurado da Escritura nesse particular, para que tenhamos uma postura mais razoável e coerente com o princípio bíblico.

A Lei foi dada por Moisés, mas a graça se deu por Jesus (Jo 1.17). Se você desejar se aprofundar nesse tema, sugiro o excelente livro *Quando o vínculo se rompe*,[1] da psicóloga Esly

Regina Carvalho. Ela faz uma abordagem terapêutica e uma excelente exegese entre as palavras *repúdio* e *divórcio*, mostrando a diferença entre os dois conceitos a partir do texto original:

> A diferença entre *repudiar* e *divorciar* (*apoluō* e *apostasion*, em grego) é crítica. *Apoluō* indicava que a mulher era escrava, repudiada, sem direitos, sem recursos, roubada em seus direitos básicos. *Apostasion* significava que o casamento terminava, sendo permitido um casamento legal subsequente. O papel fazia diferença. A mulher que tinha saído de casa podia se casar com outro homem (Dt 24.2). Essa era a lei. Jesus falou sobre esse assunto em passagens como Mateus 5.32 e 19.9; Marcos 10.10-12 e Lucas 16.17-18. Nessas passagens, Jesus usou onze vezes a palavra *apoluō*, o repúdio. Ele nunca proibiu a *apostasion*, a carta de divórcio requerida pela lei judaica.

Diante dessa breve explicação, podemos entender que o divórcio, como está posto nos dias de hoje, seria o que a Lei determina. Por exemplo, um marido ou uma esposa repudia seu cônjuge, se afasta dele, o trai e se separa — inclusive carnalmente —, mas ainda não houve o divórcio lavrado legalmente. Nisso, um desses cônjuges se envolve em outro relacionamento. O que dizer disso? No meu entender, o vínculo se rompeu desde o dia em que houve uma traição, um abandono declarado. Mas, se essa relação foi registrada civilmente, ela ainda perdura aos olhos da lei civil e deve ser resolvida antes de a pessoa se envolver em um novo relacionamento.

Alguém vai alegar, como já ouvi, que, espiritualmente, aquele casamento já não existe. Posso até concordar, mas, diante de Deus, o que ligamos na terra tem consequências no campo espiritual — e ninguém se casou com um anjo, mas, sim, com uma pessoa, numa união registrada civilmente. Portanto, ela deve ser desfeita no âmbito civil, para que as partes possam pensar livremente em uma nova relação afetiva e, quem sabe, em um novo casamento.

Divórcio, o *apostasion*, é a parte legal que precisa ser resolvida. Já repúdio, o *apoluō*, é simplesmente abandonar, desprezar; uma atitude que existia na época da Lei vigente nos tempos de Jesus. Alguém repudiava sua mulher, desprezava-a e casava-se com outra sem, no entanto, dar a carta de divórcio para que ela estivesse livre para seguir sua vida, inclusive em outro casamento (Dt 24.1-2).

Outro exemplo que podemos perceber nas Escrituras está no livro de Malaquias, quando Deus exorta Israel e seus líderes também em questões ligadas ao casamento. Em meio a essa exortação — que envolve algo essencial na vida espiritual daquele povo, a sua relação com Deus e os seus sacrifícios insinceros, a sua mentira nas ofertas e o desprezo pelas coisas do Senhor —, o profeta envolve como parte desse distanciamento de Deus a prática do repúdio (*shalach*). A palavra usada por ele em nenhum momento é divórcio (*keriythuwth*). Jesus reforçou essa posição quando disse que "Quem se divorciar [*apoluō*] de sua mulher e se casar com outra mulher estará cometendo adultério, e o homem que se casar com uma mulher divorciada [*apoluō*] estará cometendo adultério" (Lc 16.18). A explicação é que estará cometendo adultério pelo fato de ela ainda estar casada, sem a carta de divórcio lavrada.

Mesmo em comunhão com Deus, somos e estamos sujeitos a cair no erro de fazer a nossa vontade. Compartilho essa minha posição para que saibamos que não somos perfeitos, somos pecadores redimidos, e que o legalismo não pode fazer parte de nossa caminhada com Deus. Mas, insisto, o plano perfeito de Deus é um casamento indissolúvel. A nossa imperfeição às vezes impede isso. Na tradição católica romana, o casamento se tornou um sacramento, e essa é uma das razões do impedimento de separações para seus fiéis. O sacramento é indissolúvel. Assim, esse grupo vê o matrimônio como impossibilitado de se dissolver e de ocorrer mais de uma vez se o primeiro cônjuge estiver vivo.

Nas tradições reformadas, fruto da Reforma Protestante do século 16, a compreensão é distinta. Lutero não aceitou o casamento como sacramento, mas como algo da ordem da criação. Ele defendia que tratava-se de um preceito divino. O "Sejam férteis e multipliquem-se!" (Gn 1.22) é anterior ao evangelho e, portanto, não dependeria dele. Consequentemente, não está sob a jurisdição da Igreja, mas do Estado. A igreja cristã de nossos dias, de qualquer tradição, ainda tem dificuldade de tratar desse assunto adequadamente. Os programas que envolvem casais são muito incipientes quando se trata das profundas crises que se vivenciam no casamento. Não adianta tratar do assunto com abordagens legalistas ou ir na direção oposta, adotando posturas permissivas.

Tenho convicção, e isso não é apenas uma posição legalista, de que em qualquer situação Deus pode atuar milagrosamente e a reconciliação acontecer. Tenho visto isso ocorrer diante de meus olhos. Por isso sou ferrenho defensor do casamento como proposta indissolúvel e perfeita de Deus. No entanto, tenho visto casos onde não há mais o que fazer e o divórcio parece ser a única saída. Mas entendo que somente é a única saída porque nossa dureza de coração não permite Deus atuar e curar as tantas feridas existentes. Não julgo o casal que se divorcia, mas alerto para a banalização e a desistência pura e simples, o abandono das possibilidades de Deus intervir. Considero culpa nossa toda separação matrimonial.

Mais uma vez, a quebra de uma relação matrimonial deixa feridas que precisam ser tratadas — e muito bem. É algo doloroso, envolve outras pessoas, como filhos, família e amigos. Também carrega em si muito preconceito, especialmente dentro do meio cristão. Volto a sugerir acompanhamento pastoral e, se possível, profissional.

A igreja que evangeliza hoje fatalmente terá em sua membresia pessoas de todos os tipos. Ora, se a sociedade é composta por homens, mulheres, casais, solteiros, viúvos, jovens, divorciados, separados, casais em crise, homossexuais, adúlteros e outros, é de esperar que a igreja tenha pelo menos alguns desses tipos humanos em sua congregação ou entre seus frequentadores. A questão a ser discutida é: como estamos lidando com essas pessoas? Que respostas temos para as suas inquietações e dúvidas? O universo é bem diversificado. Não há como simplesmente padronizar e dar respostas prontas, retiradas — às vezes, à força — de um trecho bíblico e transferi-lo para a realidade de pessoas que sofrem por conta de seu estado falível e que buscam consolo e soluções.

Quantas igrejas têm um bom programa para casais que vá além de superficialidades ou um programa de aconselhamento que de fato aborde as questões cruciais dessa gente sofrida em seus conflitos? Quando menciono questões cruciais, me refiro à preparação para o casamento. É claro que um programa de aconselhamento pré-matrimonial não solucionará todos os aspectos, mas ajudará homem e mulher, noivo e noiva, a se descobrirem e se conhecerem melhor e mais, evitando expectativas que provavelmente nunca se completarão.

Questões cruciais não são sempre, como se pode imaginar, aspectos profundos da alma e do ser. Elas também podem ser, mas passam por maus hábitos ou mesmo conceitos que em um namoro superficial raramente são abordados e discutidos — o que leva o *sim* pronunciado no altar a não ser uma convicção sincera, a ser mais inclinado para *eu acho* do que para *eu sei*. Questões cruciais envolvem o todo deste livro, respostas que cada pessoa deve ter do outro antes de chegar ao altar. Em um programa de aconselhamento matrimonial que considero mínimo e básico, deve-se abordar as questões que envolvam, por exemplo: solução de conflitos, comunicação, compromisso, sexualidade, valores, pano de fundo familiar e projeto de vida.

Sei que existem comunidades que estão abordando esses assuntos com diligência e sobriedade, mas receio que ainda representem a minoria. Essa foi minha preocupação por muitos anos. Em meu ministério, recusei-me a simplesmente reproduzir o que vinha sendo feito em algumas igrejas — como encontros de casais que pouco ou quase nada dizem às pessoas que de fato precisam de ajustes profundos em seus relacionamentos. Nos últimos anos, criamos um programa de mentoria de casais baseado no livro *Amor e respeito*, de Emerson Eggerichs. Nele incluímos seis meses de encontros semanais, momentos de descontração e lazer em conjunto, desafios que chamamos de *Dia de aventura*: cada casal é levado a fazer algo inédito, que nunca tenha feito junto e, assim, de maneira descontraída, perceber que é possível vencer barreiras. Essa iniciativa tem sido pedagógica nesse programa. Mas existe, além disso, um conjunto de dinâmicas e estudos que tratam do relacionamento sob a perspectiva de ambas as partes. A ideia é propor uma abertura sincera para o diálogo, instrumento tão ausente nos relacionamentos de hoje. Os resultados têm sido encorajadores, e me agrada ver os relacionamentos serem tratados de maneira mais racional e menos emotiva.

Mas isso ainda não é suficiente diante da demanda existente. A comunidade cristã precisa encarar este fato: a família precisa de ajuda, os ataques à ética familiar são precisos, constantes e estão em todos os meios de comunicação de maneira aberta e descontrolada. Casais em crise precisam de ajuda verdadeira e de uma presença amiga e conselheira. Necessitam de uma presença pastoral, mais do que simplesmente um dedo que aponte seus erros. Tenho a esperança de que os relacionamentos matrimoniais venham a ser vistos pela ótica do amor, com mais graça, em vez de simples condenação.

Meu conselho

A vida a dois dentro de um casamento é projeto de Deus para toda a vida de um casal. Deve ser vista como algo definitivo. De qualquer forma, insisto em que haja mais intimidade entre o casal e o Senhor desde o início. Isso sempre fará a diferença, porque a origem do projeto família está no coração de Deus (Gn 2.18) e é o que dá a base para o projeto divino para a sociedade. O lar é a oficina onde o caráter de cada pessoa é moldado. Nesse sentido, desde o namoro, homem e mulher devem se afastar de uma perspectiva e de uma felicidade apenas pessoal e passar a ver o lar como um propósito divino para o mundo.

Uma vida comum até a morte é um exemplo de superação, perseverança, compreensão e amor, acima de tudo. Significa que houve ali o exercício dos dons e do fruto do Espírito. A ideia de envelhecer juntos exige apoio, suporte, prazer e ensino mútuos. Quando Paulo escreve sua carta a Tito, inclui recomendações em que vejo a importância de um casamento sólido, que serve a Deus como uma missão para a sociedade. O apóstolo recomenda como sã doutrina o ensino dos mais velhos aos mais novos.

Você, porém, fale o que está de acordo com a sã doutrina. Ensine os homens mais velhos a serem moderados, dignos de respeito, sensatos e sadios na fé, no amor e na perseverança. Semelhantemente, ensine as mulheres mais velhas a serem reverentes na sua maneira de viver, a não serem caluniadoras nem escravizadas a muito vinho, mas a serem capazes de ensinar o que é bom. Assim, poderão orientar as mulheres mais jovens a amarem seus maridos e seus filhos, a serem prudentes e puras, a estarem ocupadas em casa, e a serem bondosas e sujeitas a seus maridos, a fim de que a palavra de Deus não seja difamada.

Tito 2.1-5

Creio, portanto, que ao dizermos "até que a morte nos separe" não estamos simplesmente enxergando uma mera possibilidade, mas afirmando que esse é o nosso desejo e o nosso compromisso. Não podemos, porém, assegurar que assim será, uma vez que a falibilidade dos projetos humanos é um fato. É importante ficar claro que uma coisa é reconhecer a nossa falibilidade, e outra é entrar em um relacionamento com uma postura prévia do tipo "Vamos nos casar. Se não der certo, a gente se separa". A diferença dessas duas posturas tem a ver com o grau de conhecimento que tenho do outro e de mim mesmo. Uma delas pode ser responsável em afirmar o seu amor e o seu desejo de terminarem os dias juntos. A outra pode ser irresponsável e simplesmente propor a entrada em uma relação de matrimônio como quem entra em uma aposta. Casamento não é loteria. Se a dúvida persiste e o incomoda sobre se a pessoa com quem você se encontra é ou não a certa, o meu conselho é que não suba ainda ao altar.

Certa vez uma jovem me perguntou:

— Pastor, como vou saber se de fato gosto dele e que devemos pensar em casamento?

Eu respondi:

— Você vai saber! Passe tempo com ele, com a família e os amigos dele. Mas invista nesse tempo, pois vai ajudar muito na decisão.

13

É possível viver relacionamentos virtuais?
Megabytes transmitindo amor? Isso funciona?

O perigo real não é o de computadores começarem a pensar como homens, mas de homens começarem a pensar como computadores.
Sydney J. Harris

Uma pesquisa sobre a sexualidade dos brasileiros, realizada pelo instituto Datafolha e mencionada anteriormente neste livro, mostra um dado preocupante. Ela revela que 8% dos entrevistados já haviam feito sexo pela internet. Se esse percentual for aplicado à população brasileira, um número que parece insignificante se transforma em uma multidão de mais de quinze milhões de brasileiros que já usaram a internet para satisfazer desejos sexuais. Uma estatística espantosa.

Esses números tratam de pessoas que, em sua maioria, são viciadas em sexo ou pornografia virtual. Alguns especialistas fazem diferença entre os dois tipos. Para eles, pornografia se dá por meio de fotos ou vídeos gravados, e o sexo virtual ocorre pelo contato via *webcam*, com uma interação ao vivo — e que, mesmo sem o toque físico, se caracteriza como relação sexual. Em ambos os casos existe a dependência, e isso tem causado transtornos à família.

O problema atingiu dimensões tais que hoje já existem grupos de ajuda a pessoas vitimadas por esse mal, os Dependentes de Amor e Sexo Anônimos (D.A.S.A.), que funciona nos mesmos moldes dos Alcoólicos Anônimos (AA). O que poderia ser visto apenas como perversão, na verdade é uma compulsão, que requer tratamento e pode ser tratada. Mas fora esse uso patológico da internet, há relacionamentos estáveis e saudáveis de namoro e posterior casamento que ocorrem com pessoas que se conhecem e se relacionam na maior parte do tempo de maneira virtual, ou seja, pela internet.

Namoro na *web* e a distância

Noites e noites viradas diante do computador, despedidas chorosas em aeroportos ou rodoviárias, contas de telefone altíssimas e a saudade como sentimento crônico. Pode-se ilustrar assim um típico namoro a distância. Estimulado pelas constantes inovações das tecnologias de comunicação, esse perfil de relacionamento está ganhando espaço entre jovens, adolescentes e até adultos no Brasil e no mundo.

A primeira vez que vi esse tipo de relacionamento acontecer foi dentro de minha própria casa. Minha cunhada, que viveu conosco desde a adolescência devido à morte de sua mãe, gerou em mim um sentimento de paternidade por ela muito forte. Ela cresceu até a fase adulta sob a minha responsabilidade e a de minha esposa. Acompanhamos toda a fase de namoros e relacionamentos. Certa vez, nossa igreja iniciou um intercâmbio com uma igreja dos Estados Unidos, e recebíamos e enviávamos jovens e grupos para missões. Em uma dessas viagens, recebemos um grupo e um desses americanos interessou-se por nossa pequena "filha". E percebemos que houve reciprocidade.

Pouco depois começou uma intensa troca de *e-mails*, e, quando demos conta, eles já estavam virtualmente apaixonados, e o namoro aconteceu. A partir daí, eles trocaram milhares de mensagens eletrônicas, leram livros juntos (a distância), ele veio mais uma vez ao Brasil, e ela foi aos Estados Unidos passar alguns meses. Chegou, então, o dia em que recebi um telefonema dele, pedindo autorização para noivar e marcar a data do casamento. Confesso que fui pego de surpresa e a vontade inicial foi dizer algo do tipo "O que você está pensando? As coisas não são assim". Mas, conhecendo os dois, eu sabia que não tinha como me opor. Hoje eles são casados, mantêm um relacionamento de mais de dez anos, viveram como missionários em nossa igreja aqui no Brasil por oito anos e têm duas filhas lindas que me chamam de *vovô*. Esse é um caso de final feliz no âmbito dos relacionamentos virtuais, mas que não representa a totalidade dos fatos nem pode ser usado como padrão.

Relacionamentos virtuais podem gerar uma relação bastante incompleta que, adiante, leva ao desenvolvimento de problemas graves no casamento. Por mais que seja intensa, nada pode substituir um relacionamento presencial. Amor não se dá no campo das ideias, mas significa algo prático, que se experimenta. Amor requer convívio intenso, troca, contato, cheiro, parceria, partilha e, eventualmente, alguns desencontros que ele mesmo, o amor, trata de superar. Quando digo isso, estou de fato tentando desmitificar um pouco o amor, tirá-lo do campo dos sentimentos e incluí-lo no campo das atitudes, mesmo percebendo que, na realidade, parece ser um misto das duas coisas. Quando o retiro do campo das ideias, não significa que quem ama a distância não pode demonstrar esse amor na prática. Mas é preciso concordar que é bem mais difícil que isso aconteça por meio de uma carta, um *e-mail*, uma mensagem na rede virtual ou uma videoconferência.

Minha preocupação reside no campo do conhecimento mútuo. Não acredito no bom andamento de um casamento sem um conhecimento da outra parte. Como já disse aqui, atribuo a isso boa parte das dificuldades encontradas nas relações matrimoniais. Não digo que seja uma regra, mas, sem dúvida, é uma tendência: relacionamentos superficiais não se sustentam. As relações virtuais têm grande probabilidade de entrar nessa afirmativa.

Venho acompanhando pessoas, em sua maioria mulheres, que chegam ao meu gabinete dizendo que estão namorando e precisam de um conselho. Em seguida, me mostram a fotografia de um jovem com quem há meses se relacionam pela *web*. Elas ainda não sabem sequer se o hálito deles é agradável, nunca os viram em uma situação de pressão, tensão, raiva ou mau humor — o que é importante presenciar, pois tudo isso e outras coisas inevitavelmente fazem parte do casamento. Normalmente, essas pessoas romanceiam tanto a relação que se esquecem desse aspecto.

Acompanhei o caso de uma jovem comprometida com a obra de Deus que tinha um desejo incontido de casar. Nada mais legítimo. Ela conheceu uma pessoa de um país europeu pela internet, se relacionou com ele dessa maneira durante algum tempo e, sem demora, marcou o casamento. Quando conversei com eles pessoalmente, ele foi bem sincero e nos disse:

— Eu não creio em Deus, não gosto de igreja e não pretendo ir à igreja com ela.

Eu disse àquela mulher na mesma hora:

— Você está ouvindo isso? O que acha?

Ela simplesmente disse que tudo daria certo. Casaram-se, e nunca mais tive notícias dela. Talvez esteja pela Europa ou aqui no Brasil. Mas afastou-se de tudo e de todos devido ao seu casamento relâmpago e virtual. Peço a Deus que ela esteja feliz.

Em outros casos tive a chance de aconselhar, de solicitar mais convívio e conhecimento das famílias, de recomendar maior prazo de relacionamento presencial e, com isso, o casamento tem ido bem. Mas nem sempre isso é verdade, e concessões acabam sendo feitas. Curiosamente, os casos em que há concessões envolvem quase a totalidade das mulheres.

O portal Guiame (*www.guiame.com.br*) publicou artigo sobre o assunto e mostrou a opinião de muitas pessoas que já se envolveram em relacionamentos virtuais — portanto, a distância. As opiniões são diversas. Há quem diga que o conhecimento se aprofunda porque a única coisa que eles podem fazer é conversar. De fato, esse pode ser considerado um ponto positivo, mas conversa apenas não gera intimidade suficiente para sustentar um matrimônio. Outros dizem que é insuficiente, pois resolver conflitos sem estar na presença, face a face, é muito complicado. Creio que um pouco das duas coisas acontece de fato. No entanto, quando se trata de atritos não resolvidos, minhas antenas de preocupação se movem na direção da segunda opinião, porque isso é potencialmente danoso ao futuro do casamento. A sujeira que se empurra para debaixo do tapete é um risco. Em algum momento, uma faxina encontrará essa sujeira e tudo poderá vir à tona novamente. Como o atrito não foi resolvido, vem com toda a força e é algo ameaçador à relação.

A verdade é que precisamos pôr na balança os prós e os contras e, com serenidade, avaliar para onde uma relação assim pode levar um casal de namorados, sob diversos aspectos. Deve-se questionar sempre como é possível desenvolver confiança a distância. Considero esse um conceito estranho, pois aprendi a desenvolver confiança em minha esposa, antes de tudo, pelo que ela se mostrou ser no dia a dia de nosso convívio, nos detalhes. Essa confiança surgiu nas observações que fiz durante nosso convívio e que dificilmente eu perceberia em conversas ocorridas numa tela ou apenas em palavras digitadas.

Tenho alguma dificuldade de identificar os prós de um relacionamento virtual, mas não considero isso impossível. Por outro lado, podemos encontrar uma maneira de tornar essa relação menos arriscada, mas me parece que continuará sendo incompleta. A distância bloqueia a intimidade e aguça outros desejos, especialmente os que são ligados à sexualidade. Um casal que passa seis meses se correspondendo, ao se encontrar tem uma tendência ao isolamento. Nesses casos, os riscos de uma antecipação no campo da sexualidade não são raros. Nunca tive acesso a nenhuma pesquisa, mas não é difícil imaginar que quem namora quer ter contato, e a sexualidade faz parte do namoro. Ninguém namora a vida toda admirando os olhos verdes do outro. Sendo assim, também não é difícil concluir que, quando se encontram, após um grande hiato de ausência física, o desejo libidinoso provavelmente está em um índice bastante elevado. Imagine um jovem crente apaixonado, namorando virtualmente por meses, lendo em seus devocionais o livro de Cântico dos Cânticos, ao se encontrar com a sua amada. Nessa hora dificilmente vão conversar sobre suas leituras bíblicas ou sobre a crise internacional. Eles vão querer se tocar, se abraçar e se beijar — e assim deve ser. Mas esse hiato de presença pode conduzir a uma precipitação, pode levá-los a darem passos que talvez nem estivessem preparados para dar. Portanto, mesmo sem pesquisas, por conhecer um pouco do ser humano e ser um deles, dificilmente chegaria a outra conclusão.

Por outro lado, precisamos enxergar que o mundo mudou, e mudou muito. Além disso, está se transformando a uma velocidade que assusta. Nessa nova realidade, as relações cibernéticas, ou virtuais, são uma realidade. Esse mundo virtual dos relacionamentos já alcançou praticamente todas as gerações, não somente os mais jovens. Isso significa que não vivemos mais sem esses recursos. Por isso, o melhor a fazer é aprender a conviver e retirar deles o melhor.

Nesse sentido, enxergo também aspectos positivos das redes sociais, e temos visto o poder de sua mobilização em todo o mundo. Existem pessoas que se conhecem por meio delas e, em pouco tempo, se aproximam pessoalmente. Acredito que muitos bons relacionamentos de hoje tenham começado por intermédio de uma dessas redes sociais. Na realidade, em nossos dias já há muitos filhos que são frutos de relacionamentos iniciados ali, por meio de um *software*, diante de um teclado e de letras mudas que, logo cedo, se transformaram em sinceras palavras de amor e consideração. Mas mantenho-me alerta e recomendo que se faça o mesmo, pois, como já foi dito, "as redes sociais aproximam quem está longe, mas, às vezes, afastam aqueles que estão perto". Esse lado de afastar se dá pelo fato de acreditarmos que estamos em contato, mesmo que virtual. Isso gera um senso de proximidade que, de fato, não existe, pois nada substitui um abraço, um beijo, um olhar manhoso ou aqueles olhos tristes.

Pessoas mais fundamentalistas vão defender que, na realidade, o namoro nem sequer existe na Bíblia. Eu concordo, mas existia algo equivalente ao que hoje chamamos de namoro, só que em um modelo bem diferente. Além disso, sempre existiu na Bíblia o desejo sexual, a paixão e os impulsos. Ao lermos as histórias dos grandes heróis da fé e seus conflitos, vemos que seus tropeços em grande parte foram resultado de relacionamentos movidos por impulsos sexuais incontidos. É o caso de Davi e Sansão, por exemplo. O namoro não existia nos tempos bíblicos, mas ninguém se apaixonava por meio de um pergaminho. E mesmo que a tendência tenha sido maior afastamento antes do casamento, sabemos que isso pode gerar problemas. Como não é o caso de lei nem de doutrina, entendemos que os usos e costumes dos cristãos devem evoluir com a sociedade, sob o risco de nos tornarmos eremitas — vivendo em um tempo que não corresponde ao nosso. Alguns grupos tentam viver assim, mas esses são exceções. Fato é que a distância dificulta que haja conhecimento do outro e de seu universo, para que cada um possa dizer *sim* com a maior convicção possível. E isso pode gerar surpresas desagradáveis.

Segundo estatísticas, o Brasil é hoje o país com o maior número de internautas que usam *sites* de relacionamentos. O *site www.amoremcristo.com* afirma ter perto de um milhão de usuários cadastrados, dos quais 60% são mulheres. As estimativas dizem que, para cada dez evangélicos no Brasil, 6,9 são do sexo feminino. Os *sites* desse tipo parecem fazer grande sucesso entre cristãos protestantes. Alguns defendem que a multiplicação de espaços como esse se dá porque, de maneira geral, essas pessoas se limitam muito a se relacionar apenas dentro de suas próprias igrejas, e os *sites* abrem o leque para se conhecer outras pessoas cristãs, que dificilmente seriam contatadas ou conhecidas se não fosse por esse recurso da pós-modernidade. Outros dizem que o crescimento ocorre pela busca do elemento feminino, que, como vimos, representa a maioria evangélica. O fenômeno levou ao aumento do número de pessoas que se relacionam virtualmente e iniciam namoros virtuais que acabarão em um casamento, mesmo sem ter havido contato e presença suficientes.

Problemas da atualidade

Os relacionamentos virtuais são uma realidade que precisa ser encarada. O mundo de hoje é extremamente virtual. O poder da internet é incalculável. O problema é que as redes não têm sido usadas apenas para as coisas boas; elas abrem as portas para males como pedofilia, prostituição infantil e outros, além de exercer uma terrível influência sobre a nossa juventude.

O número de separações e divórcios que têm como causa relações iniciadas em *sites* de relacionamentos e nas redes sociais vem crescendo assustadoramente. O jornal britânico *The Sun*[1] publicou uma reportagem em que afirma que o *site* Facebook já é citado em 20% dos processos de divórcio. A causa mais comum para o divórcio é o fato de os cônjuges terem conversas de cunho sexual com outras pessoas pela *web*. Nos Estados Unidos, os advogados da área admitem que realizam pesquisas nas redes sociais, numa tentativa de encontrar provas de infidelidade ou condutas menos próprias que lhes deem vantagem no tribunal.

No Canadá existe há mais de dez anos um *site* que se propõe a intermediar traições por meio da rede de computadores. Sem usar metáforas, o *slogan* diz claramente: "A vida é curta, curta um caso". No Brasil, essas iniciativas chegaram há menos tempo, mas já fazem parte de uma estimativa impressionante. Segundo a diretora de um *site* do gênero, a previsão é alcançar um milhão de usuários — e a empresa planeja abrir capital na bolsa. A banalização do casamento e o uso de argumentos de uma fragilidade impressionante mostram o interesse de homens e mulheres nesse tipo de relação. Uma pesquisa completa está disponível no *site globo.com*.[2]

De uma forma ou de outra, todo cuidado é pouco, e os próprios *sites* têm suas recomendações para evitar golpes. Mas a melhor maneira é dar tempo para que se possa de fato conhecer o outro e assim poder dizer *sim* com mais convicção.

Meu conselho

Seria um equívoco de minha parte se dissesse que todos os relacionamentos virtuais ou a distância serão frustrados. Minha experiência mostra que para as regras existem exceções, mas as vejo como casos isolados — e assim devem ser tratadas. Cada situação requer uma abordagem própria. O que sugiro a você, que vê a possibilidade de um envolvimento desse tipo, é que seja cauteloso, avalie a situação e, caso decida levar adiante a relação a distância, siga nesta direção: não tenha pressa em nada. O tempo nesse caso é seu grande aliado. Nas conversas *on-line*, aborde tudo que você deseja saber sobre o outro, sem restrições — não se tolha, com receio de haver diferenças, mas cuidado para a conversa não se tornar um interrogatório.

Use todas as oportunidades para um possível encontro. A presença deverá ser a sua prioridade. Quando se encontrarem, cuidado para não acontecer um isolamento. Isso é perigoso. É importante que, juntos, vocês se exponham ao círculo de amigos e considerem com sabedoria a opinião deles sobre a pessoa. Além disso, importa que você conheça e conviva com a família do outro e esforce-se para que ele venha a conhecer a sua. Jamais assuma qualquer compromisso sem antes se encontrar com ele em lugar público e considerar as observações anteriores. Procure verificar se são verdadeiras as histórias dele: pesquise a pessoa, pois há muitos charlatões. Caso a relação seja com alguém de outra nacionalidade, redobre o cuidado e fique atento para a questão transcultural. E sempre o tempo de namoro e noivado deve ser considerado, no sentido de gerar maior e melhor conhecimento.

14

"Eu prometo!" Prometo mesmo?
O que de fato estou dizendo no altar?

> *Seja o seu "sim", "sim", e o seu "não", "não"; o que passar disso vem do Maligno.*
> Mateus 5.37

Em nosso programa de acompanhamento pré-matrimonial, temos uma série de cinco encontros finais com o casal, onde os pastores seguem um material específico, produzido pela igreja Holy Trinity Brompton, de Londres, na Inglaterra. Esse material aborda as principais áreas que podem ajudar o casal no desenvolvimento de uma vida a dois saudável. Conversamos muito sobre os temas e procuramos esgotar tudo o que precisa ser dito, porque costumo dizer que no altar os noivos estão sonhando, e a mensagem na hora da cerimônia é mais dirigida à congregação.

Por essa razão tratarei aqui brevemente de lembrar o que estão de fato prometendo os noivos naquele importante momento. É possível que os votos ou as promessas sejam um pouco diferentes de denominação para denominação, mas, pelo que percebo, são muito parecidos e no fundo expressam as mesmas intenções.

No rito anglicano[1] há duas oportunidades de afirmação de intenção. Inicialmente existe o que chamamos de *Declaração de consentimento*, uma confirmação inicial que o casal faz da intenção de estar no altar. Isso é feito logo que eles chegam diante do ministro e segue assim:

O ministro dirá aos noivos: N., queres receber N. por teu(tua) esposo(a), para viverdes juntos segundo o mandamento de Deus no santo estado do matrimônio? Prometes, então, amar e consolar o(a) teu(tua) esposo(a), honrá-lo(a) e conservá-lo(a), tanto na doença quanto na saúde, renunciando a todos(as) os(as) outros(as) e permanecer fiel enquanto ambos viverdes?

Os noivos deverão responder afirmativamente: "Sim!".

Perceba a seriedade dessas promessas.

Viver segundo o "santo estado do matrimônio" é algo que precisa ser ensinado e compreendido. Você estará concordando que se esforçará em levar uma vida santa em conjunto. Santidade no Novo Testamento está ligada à palavra *higiene*, que vem de *pureza*, e isso deve ser considerado em todos os sentidos, especialmente a pureza das intenções. O casal, ao fazer essa afirmação, também está prometendo que haverá sinceridade. Mas vai além: a declaração solicita do casal um compromisso com amor e consolo. Perceba a importância de estarmos atentos a essas palavras, pois apontam para formas práticas de demonstrar amor, como temos visto anteriormente. Casais que se casam hoje e que têm foco difuso, que não atentaram para esse aspecto, devem ser lembrados de sua importância. Isso significa companheirismo, partilha e cumplicidade, e pode ser uma das principais características de uma vida saudável. Quantos são os que repetem essas palavras e não assumem o compromisso com elas, diminuem o cônjuge e o tratam com desprezo. Tenho dito que nem por brincadeira você pode diminuir seu cônjuge diante das pessoas, pois essa atitude deixa ferida.

Na sequência, a declaração chama atenção para a questão da honra e da conservação em qualquer situação, seja de saúde, seja de doença. Lembro-me de um casamento que acabou pela decisão da esposa. Ela dizia não aguentar mais tratar do marido, que estava desenvolvendo uma enfermidade degenerativa. Conheci ainda outros casos semelhantes. Escrevo este livro em uma fase do tratamento de uma doença chamada *mieloma múltiplo*, um tipo de câncer. Desde os primeiros momentos, quando recebi o diagnóstico e uma crise tomou conta de mim devido a dores profundas, incapacidade de me movimentar e um estado emocional abalado, pude contar com a presença de minha esposa, Valéria. Sua primeira atitude foi licenciar-se de seu trabalho para se dedicar a cuidar de mim em tempo integral. Assumiu essa tarefa e cuidou desde os detalhes de higiene pessoal aos cuidados com minha alimentação. Recebi toda a sua atenção nesse momento de muita dor física e sofrimento de alma. Tudo isso me transporta àquele dia em que, juntos, no altar, trocamos essas palavras. Ela e eu nos comprometemos a honrar e cuidar um do outro em qualquer situação. Assim temos feito, com a ajuda de Deus. Quem vai assumir um compromisso no altar deve estar ciente de que esses aspectos fazem parte de tudo o que foi afirmado ali.

A última frase da declaração traz à luz a questão da fidelidade e apela para uma renúncia a todos e uma postura de fidelidade. Você já discutiu com seu noivo ou cônjuge sobre o que significa fidelidade? Talvez seja importante iniciar pelo significado de *adultério*. Adulterar é desfazer algo de sua função original. É corromper o estado inicial. O casamento, originalmente, como já vimos, é um estado santo e aprovado por Deus. Corromper o matrimônio nos levará a dificuldades na vida e a fugir do propósito divino. Não existe casamento sem fidelidade.

Sei que, inicialmente, quando se fala sobre esse aspecto, o que vem à mente é apenas a traição com outras pessoas. Isso é uma maneira de adulterar o casamento e é grave, porque mexe com toda a estrutura de confiança e autoestima, além de outros desdobramentos emocionais. Mas adulteramos o casamento quando, em todas as áreas, corrompemos o estado original. Por exemplo, quando desrespeitamos, desonramos, relaxamos na atenção primeira e empreendemos tantas outras atitudes nocivas.

No segundo momento da liturgia anglicana, existe outra declaração semelhante à primeira, mas que é feita agora com o título de matrimônio, uma vez que é feita de um noivo para o outro, e não ao ministro e à congregação. Nesse momento, se acrescenta a frase "Este é o meu voto solene" e, em outras versões, "Para isso eu te dou a minha palavra". Perceba que, aqui, você está empenhando a sua palavra ao futuro cônjuge. Por isso, vocês que estão se preparando para estar diante de um altar fazendo essas promessas atentem para o que estão dizendo, discutam e orem a Deus sobre cada palavra e peçam-lhe capacidade para cumprir aquilo que se proporão a fazer um pelo outro.

No momento seguinte, segue-se a bênção das alianças, um momento simbólico em que, mais uma vez, tem-se a oportunidade de se afirmar as intenções. Aqui é realizada uma oração de bênção, impetrada pelo ministro:

> Ministro: Abençoa, Senhor, estas alianças, para que os noivos que ora as recebem na tua presença e perante esta congregação permaneçam na tua paz e continuem sob tua graça até o fim de sua vida. Por Jesus Cristo, nosso Senhor. Amém.

Essa oração roga a Deus publicamente a sua bênção sobre o casal e estabelece a aliança como símbolo do compromisso assumido diante das pessoas e diante de Deus. Em seguida, segue-se mais um momento em que os noivos têm a oportunidade de assumir publicamente o pacto firmado. É importante, neste ponto, observarmos o conceito de *aliança*. "Uma aliança significa a união entre duas ou mais entidades em prol de um objetivo comum, podendo ser entre pessoas, empresas, sociedades ou países".[2] O anel de compromisso, de noivado ou de casamento é visto como um elo entre um casal. Uma aliança é aqui uma joia de metal adotada para representar o pacto firmado entre duas pessoas. Portanto, esses adereços são, na realidade, o símbolo da verdadeira aliança que eles estão fazendo diante de Deus e das pessoas. Comumente esses anéis são chamados de *alianças* e representam o compromisso que está sendo feito. A entrega deles é uma afirmação da intenção de fidelidade existente em cada um, como dizem os nubentes, em seguida, no rito.

N., recebe esta aliança como símbolo de meu amor e de minha fidelidade. Em nome do Pai, do filho e do Espírito Santo. Amém.

Perceba que todo o rito matrimonial está fundamentado em um compromisso responsável e no desenvolvimento da fidelidade como atributo fundamental para a manutenção dos propósitos de Deus no casamento e na continuidade de uma família saudável e estruturada. Por isso, a importância de que os noivos, antes de dizerem *sim*, tenham a oportunidade de refletir sobre aquilo que dirão no altar. Conselheiros matrimoniais deveriam fazer esse exercício nas sessões que antecedem a celebração. Essa prática tem me dado a oportunidade de ministrar na vida dessas pessoas de maneira objetiva.

Alegações para o divórcio

Há um aspecto concernente ao assunto que precisa ser esclarecido. Muitas pessoas têm dúvidas quanto aos compromissos assumidos na vida pregressa. Seriam eles válidos em sua nova vida diante de Cristo? Ou seja, após conhecerem Jesus, os votos matrimoniais feitos no tempo da ignorância seriam válidos?

Antes de tudo é importante que nos lembremos de que o casamento não é apenas um pacto espiritual. Ele envolve, como dissemos, compromisso mútuo e acontece diante da lei vigente no país. Legalmente, não posso alegar desconhecimento da lei como justificativa para transgredi-la. Quando assumimos um compromisso público, mesmo que estejamos fazendo isso em associação com aspectos religiosos, o pacto está feito e precisa ser honrado. Os aspectos legais não estão sujeitos a minha compreensão ou ao meu entendimento deles. A lei é uma só para todos.

No entanto, não podemos deixar de considerar que para nós, cristãos, o casamento é uma aliança espiritual, realizada perante os princípios divinos e de acordo com a lei vigente. Em situações com esse perfil, há algumas possibilidades:

a. Pessoas que se casaram sem ser cristãs

Casais que praticavam outra fé, seja ela qual for, e que conheceram Cristo depois do matrimônio não podem usar essa situação como argumento para romper a união. O compromisso que foi feito permanece, as lealdades foram afirmadas publicamente e devem ser mantidas. Isso não deveria ser argumento para quebrar a aliança estabelecida. No entanto, o aspecto espiritual dessa união precisa ser revisto. Alguém que conhece Jesus não pode manter pactos de qualquer tipo feitos com entidades ou religiões não cristãs. Uma quebra dessas alianças foi feita quando, ao aceitar Jesus, concordaram com todas as suas implicações (Cl 2.6-15). Não vejo qualquer dificuldade desse casal em querer realizar uma celebração cristã e fazer isso em testemunho público.

b. Pessoas que se casaram em uma confissão cristã diferente da atual

Pode acontecer que, eventualmente, alguém sugira que seu casamento não foi válido por ocorrer em outra confissão cristã, como a Igreja Católica Apostólica Romana ou a Ortodoxa. Já vi casos assim. Pelas Escrituras, o matrimônio é uma decisão e um compromisso dos noivos. O papel do celebrante é orar, abençoar e homologar quando feito em acordo em caráter civil com o Estado. Na confissão a que pertenço, a Anglicana, não celebramos outra vez casamentos desse tipo.

c. Pessoas que alegam ter se casado em momento irracional

A lei brasileira não protege ninguém que, por algum motivo, alega ter se casado sem o uso da razão. A não ser em situação coercitiva e, mesmo assim, após comprovação dessa situação. A Bíblia nos ensina que colhemos o que plantamos e não especifica em que período de nossa vida plantamos. Se assumimos um compromisso legal com alguém, não podemos alegar que estávamos destituídos da razão ou algo do gênero para nos livrarmos das consequências.

d. Pessoas que se uniram voluntariamente e nunca celebraram essa união de forma civil ou religiosa

Esses casos são muitos comuns hoje em dia: casais que conhecem Cristo, mas que vivem em união há algum tempo. A legislação brasileira hoje considera sem qualquer necessidade de homologação essa união como estável, e os direitos inerentes a um matrimônio lhe são cabidos de todas as formas. No entanto, mais uma vez entra em cena a componente espiritual do casamento. Em nossa igreja motivamos as pessoas a celebrarem a união religiosa, uma vez que esse casamento já é um fato perante a lei. Por outro lado, temos reserva com aqueles que se negam a homologar seu relacionamento no âmbito civil e buscamos conhecer as razões para isso.

Meu conselho

Desejo ser bem prático. Assistam eventualmente ao vídeo de seu casamento. Isso trará à memória tudo aquilo que vocês se comprometeram a ser e fazer um pelo outro. Avivem suas promessas. Criem o hábito de celebrar o aniversário de seu matrimônio e renovar seus votos — isso reanima a relação. Nunca deixem passar em branco essa data.

15

Cultura faz alguma diferença?
Eu entendo o jeito de ser de meu futuro cônjuge?

A grande lei da cultura é esta: deixar que cada um se torne tudo aquilo para que foi criado capaz de ser.
Thomas Carlyle

As questões culturais e transculturais têm muito a ver com nossa vida. Envolvem uma série de aspectos, que vão desde o idioma até os costumes — passando por hábitos, vestimentas, relações familiares e outras coisas. Em 1982, tranquei durante um ano minhas matrículas na universidade e no seminário teológico e fui para Israel com o objetivo de estudar e trabalhar em um *kibutz*.[1] Naquela época, não tinha muita fluência em idiomas, apenas em francês, mas isso de nada me valia naquela comunidade.

Com o dia a dia, comecei a conviver com o hebraico, idioma diferente de tudo o que havia ouvido. Como era a única coisa que eu tinha para fazer, saí em campo para aprender e cheguei a cometer gafes desconcertantes devido ao mau conhecimento da língua. Pense em quão amplo é o universo cultural de um povo ou de uma etnia. Imagine agora quantos problemas podem ser causados pela falta de, no mínimo, um entendimento razoável nesse campo. Se isso ocorre com missionários que partem para atuar em países culturalmente diversos do seu ou mesmo com profissionais de empresas multinacionais, obrigados a trabalhar em outros países, imagine ingressar em um relacionamento afetivo com alguém de outra cultura. Casamentos transculturais devem ser vistos com muito cuidado e atenção. A ideia romântica de que, em nome do amor, tudo se supera não passa de uma fuga ingênua e superficial. Como vivemos em um mundo globalizado e interativo e a internet facilita a relação entre as pessoas, é importante analisarmos essa questão sob diferentes ângulos.

O QUE É CULTURA?

Cultura são práticas e ações sociais que seguem um padrão determinado no espaço. Refere-se a crenças, comportamentos, valores, instituições e regras morais que permeiam e identificam uma sociedade. Em outras palavras, a cultura é a identidade própria de um grupo humano em um território e num determinado período. Por isso, ela é algo muito sensível. É como uma superfície fina com que temos de ter todo o cuidado para não arranhar. Pessoas de diferentes culturas podem ter reações variadas às mesmas circunstâncias, e é nosso papel ter abertura para aprender.

ESTEREÓTIPOS COMUNS EM RELAÇÕES TRANSCULTURAIS

Cada vez mais que as facilidades de locomoção e comunicação entre povos de diferentes origens culturais aumentam, eles se tornam uma espécie de *caçarola intercultural*. Quando isso ocorre, o povo nativo e os imigrantes precisam se misturar e criar uma atmosfera próspera. Ambos os lados precisam desenvolver um tipo de tolerância intercultural e compreensão acerca das diferenças que provavelmente existem entre eles.

Um *estereótipo* é, em seu nível mais básico, um pacote de características que se assumem como regra a respeito de certo grupo de pessoas sem que necessariamente coadunem com a realidade. Normalmente, os estereótipos são baseados em exageros, distorções, ignorância, racismo, fatores culturais e origens históricas. Estereótipo é, logo, uma maneira negativa de enxergar o outro. Por exemplo: dizer que brasileiros são bons no futebol, chineses são bons em matemática e ingleses são pontuais. Mesmo com a intenção positiva que essas declarações trazem, elas não deixam de ser um estereótipo e não refletem toda a verdade. Isso porque há brasileiro péssimo em futebol, assim como há muitos chineses que são reprovados em matemática e ingleses que chegam atrasados a reuniões.

Nos relacionamentos transculturais deve-se ter cuidado com os estereótipos. Segui-los sem sensibilidade pode causar contratempos, porque cada pessoa reagirá de maneira diferente. É preciso ter o que hoje se chama de competência cultural — a habilidade de circular, trabalhar e se comunicar em diferentes círculos culturais. Para uma pessoa não criar estereótipos, nem viver sob eles, existem pontos que ela pode seguir, como desfazer os pressupostos (crenças não necessariamente verdadeiras), estabelecer empatia (pôr-se no lugar e na realidade do outro), envolver-se (não apenas observar, mas se envolver no mundo do outro), evitar uma mentalidade fechada (que só considera positivo o que é de sua cultura original), fugir da insensibilidade (nunca atacar a cultura e a dignidade do outro), e agir com sabedoria (mostrar maturidade no lidar com o outro).

Relacionamentos transculturais têm tudo a ver com lidar com as pessoas de outras sociedades de maneira que se mitiguem os desentendimentos e maximizem o potencial para criar um relacionamento transcultural forte e sólido, apesar das diferenças.

Sensibilidade cultural

Seria um equívoco pensar que se deve obedecer a um padrão único ao lidar com outras culturas. A maneira como alguém se posiciona diante das diferenças ancora-se em suas próprias origens. Algumas situações requerem o que chamamos de *sensibilidade cultural*, que se traduz em atenção à existência e ao impacto das diferenças sociais nas relações pessoais. Em outras circunstâncias, porém, não basta reconhecer as diferenças e seu impacto. É preciso levar em conta o relativismo cultural.

Por exemplo: o povo brasileiro geralmente é descrito como caloroso, receptivo e aberto aos estrangeiros, o que normalmente é fonte de orgulho para nós. Mas é preciso saber que tal atitude é interpretada dessa maneira por nós, brasileiros, e não necessariamente por todos os povos. O inglês poderia considerar a forma pessoal muito invasiva, e o finlandês como desconcertante. Da mesma forma, se pensamos na maneira de lidar com o poder, o brasileiro pode ser considerado extremamente autoritário pelo dinamarquês, mas muito democrático aos olhos do iraquiano.

Há a necessidade de estarmos atentos a palavras, expressões e comportamentos. Algo que lhe parece simples pode ser um escândalo para o outro. Lembro-me de um caso em que uma jovem namorava um americano que ficou pasmo quando ouviu sua namorada chamar a irmã. Ela havia dito:

— Oi, preta!

— Você chama a sua irmã assim? — assustou-se ele.

O espanto veio porque, nos Estados Unidos, chamar alguém de *black* ("preto") é muito ofensivo, embora para nós, brasileiros, não signifique algo tão sério. Minha esposa tem o hábito de me chamar de *neguinho* desde nossos tempos de namoro. Dificilmente isso aconteceria numa realidade americana.

Um relacionamento transcultural precisa dessa sensibilidade para desenvolver um padrão de comunicação sustentável. Caso contrário, não haverá esperança de futuro. Mesmo sabendo que essa comunicação será mais eficaz a partir do conhecimento da realidade, do idioma, dos hábitos e de outros aspectos que levam a uma imersão cultural, podemos pensar ainda em atitudes que ajudam nesse processo, como a capacidade de escutar, a habilidade ao falar, uma observação apurada do comportamento do outro, paciência com as diferenças e flexibilidade.

Missionários transculturais e seus relacionamentos

Um dos grupos que experimentam dificuldades na área dos relacionamentos transculturais é o dos missionários solteiros. São pessoas expostas a diferentes tipos de situação em que sua atitude deve ser considerada. Não bastasse o desgaste do campo missionário em si e a adaptação às novas realidades, esses homens e mulheres ainda precisam lidar com a particularidade de uma vida de solteiro. As agências missionárias nem sempre dão acompanhamento pastoral a essas pessoas, e a solidão é parte de seu dia a dia. Associado a isso, vêm a solidão emocional e afetiva e o vácuo da presença familiar. Tudo isso, ao final, leva esses missionários a uma considerável vulnerabilidade na área sentimental. Dependendo da cultura onde estejam inseridos, o fato de serem solteiros já os caracteriza como diferentes. Em um fórum sobre missões da internet, uma missionária brasileira solteira deu um depoimento anônimo:

> Na convivência com os missionários e missionárias solteiros era perceptível muitas vezes a solidão e a saudade da família no Brasil, o que a longo prazo poderia se tornar um perigo, pois a "carência"

começa a tomar conta das conversas e até do dia a dia. Em nossa missão éramos incentivados a estar com outros solteiros em situações coletivas, isto é, nunca um rapaz e uma moça sozinhos em casa ou em outro lugar, mesmo sendo da mesma nacionalidade e amigos. E o encontro de jovens solteiros era desestimulado por causa da cultura local. Uma das ideias para ter um círculo social além dos colegas de missão foi organizar uma "festinha" entre moças de nacionalidades diferentes. A proposta foi cada uma levar algo do seu país e se possível preparar ou levar algo de comer de sua nação. As "restrições" de estar com pessoas do sexo oposto se davam principalmente pela questão social do país. Algumas brasileiras acharam que isso era irrelevante e mantiveram o comportamento que teriam no Brasil. Infelizmente não eram bem vistas pela comunidade (além de missionários brasileiros, havia profissionais liberais brasileiros não cristãos prestando ajuda humanitária, e o comportamento era muito visado e comentado juntamente com os cubanos e os portugueses). Em resumo, foi um tempo maravilhoso e enriquecedor, e também pude perceber a concepção errônea que os homens estrangeiros têm a respeito de brasileiras, possivelmente por causa das novelas e a propaganda do Carnaval. E também vi quanto pode ser traiçoeira a solidão. Amizades devem ser estimuladas principalmente em países em que socialmente há restrições de amizade com pessoas do sexo oposto.[2]

Missionários que estão focados em sua missão se envolvem com as igrejas locais, desenvolvem novos relacionamentos e amizades, e, naturalmente, estão expostos às paixões do coração. Mantêm o desejo de uma vida familiar, sexual, amorosa e afetiva, mas talvez sofram mais, pois são fatalmente expostos também às questões transculturais. Isso pode se tornar mais um peso para eles.

Há missionários que parecem esperar que os impulsos sexuais desapareçam porque se dedicam totalmente ao Senhor e aceitam ser solteiros crendo ser a vontade de Deus. Só que a libido não desaparece! Se forem pessoas normais, vão continuar a sentir atração sexual e devem aprender a conviver com isso. Nossos hormônios não estão no campo missionário, nem sequer são convertidos.

Meu conselho

Pelo que tenho visto e percebido nos relacionamentos transculturais, posso sugerir algumas atitudes preventivas para antecipar situações passíveis de se tornarem neuroses. Lido com casais transculturais na igreja onde sou pastor e mesmo em minha família. Vejo de perto as tensões que ocorrem, vejo a linha tênue do humor, da disposição de compreender ou não. Tenho acompanhado alguns namoros entre pessoas de diferentes origens culturais, que se agravam além de tudo pelo fato de serem desenvolvidos a distância — o que dificulta ainda mais as coisas.

Preocupo-me muito com esse tipo de situação, e minha sugestão tem sido sempre: procurem gastar o maior espaço de tempo possível juntos e, quando estiverem juntos, não fiquem apenas trocando olhares românticos e apaixonados; eles são como sorvete que cai na calçada com sol a pino no mês de janeiro: logo se derretem. Conversem, dialoguem, façam perguntas, esclareçam possíveis dúvidas. Mas vão além, procurem conhecer mais sobre as questões que envolvem esse tipo de relacionamento e mesmo sobre os aspectos transculturais de maneira geral. Existe boa literatura à disposição. Um excelente livro que aborda os dramas das questões culturais é *O livreiro de Cabul*,[3] da jornalista norueguesa Asne Seierstad.

Aconselho quem está namorando ou é noivo de uma pessoa proveniente de outra cultura a tomar algumas atitudes:

a. Calcule quanto vai custar

Antes de entrar num casamento transcultural, reflita sobre o fato de que não vai ser fácil. Não tenha pressa. Pense bem sobre o compromisso e peça conselhos. Invista tempo para considerar as consequências de viver ao lado dessa pessoa.

b. Passe tempo no país do outro

Invista em conhecer de onde veio a pessoa com quem você deseja se casar, passe tempo com a família dela e conheça a cultura local. Você precisa amar a cultura do seu cônjuge. Lembre-se de que, quando se casar com alguém, se casará também com a sua família e sua bagagem cultural.

c. Faça um curso preparatório para casamento

Converse com outros casais transculturais. Escute a história deles. Pergunte o que foi difícil, quais foram os desafios e que recomendações têm para você. Leia livros e artigos que abordem o tema.

d. Converse

É preciso dialogar muito com seu futuro cônjuge sobre todos os aspectos da vida em comum: espiritual, financeiro, sexual, familiar, amizades, filhos, lazer, comunicação e resolução de conflitos. Não evite falar sobre assunto algum.

e. Estabeleça uma vida devocional em conjunto

Compartilhe com Deus as alegrias e as dificuldades de ambos.

f. Descubra e celebre as suas diferenças culturais

A diversidade pode trazer muita alegria. Invista nessa descoberta.

g. Não presuma nada

Não especule acerca do que você não sabe, especialmente aquilo que você chamaria de "senso comum". Lembre-se de que você tem muito menos em "comum" que os casais criados na mesma cultura.

h. Não faça concessões

Não faça o que não deve com a finalidade de manter um clima favorável. Na maioria das vezes, esse é o início do desmoronamento de seu quadro de valores. E quando falo em concessões, não me refiro ao padrão bíblico de entendimento de submissão da mulher ao marido. Trato de concessão como a atitude de deixar passar aspectos importantes que são relevados para manter a relação — mas que talvez não se sustentem no futuro e venham a dificultar o convívio e se transformar em cobranças.

16

Os meus, os teus...
Serão eles os nossos?
Você percebe que a casa vai encher?

O casamento é como uma longa viagem em um pequeno barco a remo: se um passageiro começar a balançar o barco, o outro terá que estabilizá-lo; caso contrário, os dois afundarão juntos.

Dr. David Reuben

É cada vez mais frequente o modelo de família em que as duas partes vêm de um casamento que terminou em divórcio ou em viuvez, o que chamamos de segundas núpcias. Como consequência, aumentam os matrimônios de pessoas que levam consigo os filhos dos relacionamentos anteriores.

Tem sido comum que filhos de uma mesma família não tenham o mesmo pai ou a mesma mãe. Um é irmão do outro, mas não de quem dorme no quarto ao lado. O que já foi considerado padrão de família — pai, mãe e filhos de um mesmo casamento —, hoje dá lugar a novas relações familiares, em que padrasto, madrasta, enteados, meios-irmãos e avós sem laços sanguíneos fazem parte dessa nova realidade.

Esse tipo tem sido chamado de "novo formato de família", que pode trazer paz e um ambiente fraterno ou intrigas e um convívio bastante confuso e até agressivo. Tudo depende de como cada parte está preparada para viver esse novo formato.

Isso porque a situação vai requerer um jogo de cintura duplo. Não é uma tarefa fácil administrar todas as relações.

As dificuldades são muitas, de questões logísticas (que envolvem mobília, quartos, quem fica com quem, como são os gostos de arrumação dos ambientes, qual é o hábito alimentar de cada um, regras, tipo de educação, hábitos e outros elementos mais) a aspectos ligados ao temperamento de cada pessoa. Os desafios da família formada a partir dessa nova concepção não são poucos. Casamentos desse tipo devem ser pensados com muita maturidade e ser alvo de muita conversa e acertos. Porque, além de todas as novidades e surpresas que o matrimônio em si traz, há um fator extra: já se começou essa empreitada com filhos — nossos e dos outros. Se a primeira relação já foi difícil, a ponto de ter se rompido, imagine agora, quando se está entrando em uma relação já com filhos. Isso vai exigir muita sensibilidade de todos os envolvidos. Um simples diálogo como este pode gerar diferentes reações:

— Meu bem, cadê a torta de morango que estava na geladeira hoje de manhã?

— Ah, meu amor, a *sua* filha comeu tudo.

Uma conversa tão simples como essa pode ser o início de uma forte discussão sobre o filho do outro, suas travessuras ou seu mau comportamento. Quando um viúvo ou divorciado entra em um novo relacionamento e leva consigo filhos — especialmente quando são crianças e totalmente dependentes —, está entrando em uma área do relacionamento que pode ser o que chamamos de *campo minado*, aquele espaço que, a qualquer momento, pode estourar. Está tudo calmo e bem, mas um passo em falso e tudo pode ir pelos ares.

Problemas do gênero podem ferir o relacionamento e deixar marcas e cicatrizes. É possível até mesmo que chegue a ponto de destruir a relação. Tudo depende da maneira como lidamos com a situação. Só existem duas maneiras de administrar isso: com equilíbrio e maturidade ou com infantilidade, em um comportamento adolescente e inconsequente.

Tenho visto casamentos que são levados com maturidade e entendimento e que, por isso, são bênção para a nova família que acaba de se formar. A chegada do terceiro elemento, o filho comum aos dois, torna-se, assim, um momento especial e bem recebido por todos. Por outro lado, tenho também assistido a cenas terríveis de ciúmes entre cônjuges que não conseguem conviver em pé de igualdade no tratamento com os filhos de seu parceiro, o que se agrava quando os próprios filhos também não conseguem entendimento. Assim, o casamento segue instável e, às vezes, torna-se de fachada. Isso gera momentos difíceis, de muita discussão para o casal. Por vezes, leva à ruptura. Tudo acontece porque não é fácil desenvolver esse "novo formato de família".

Qualquer núcleo familiar pode se parecer com uma colcha de retalhos, em que a diversidade é presente. Mas um recasamento com aporte de filhos será sempre mais difícil. As separações e os divórcios acontecem e já não são motivo de alarde na sociedade moderna. A psicóloga Gladis Brun afirma, em seu livro *Os meus, os teus, os nossos*:[1]

> O índice de divórcio, no começo da relação de famílias de recasamento, é muito alto porque, obviamente, os obstáculos são muito grandes. Há estatísticas informando que o recasamento duplica a incidência de divórcios. O risco de divórcios em terceiros casamentos é ainda maior. A família construída por Andrea e Alberto (personagens) ultrapassou, e venceu esse índice estatístico. E por que esses índices aumentam progressivamente? As pessoas aprendem que são capazes de sobreviver às separações e perdem

o interesse em negociar. A consequência é a diminuição da tolerância. [...] Quando um casal consegue negociar suas diferenças e ultrapassar os obstáculos, sente que, como dupla, sai fortalecido. Negociar diferenças é um jogo que implica concessões e demarcações daquilo que não é negociável. Cada um de nós é cheio de muitos *quereres*. Alguns são passíveis de renúncia. Outros são partes do meu jeito próprio de estar no mundo. Ceder deve ser pensado como um movimento em prol da relação, e não como obediência ou submissão à intolerância do outro. Estabelecer o que é passível de ser modificado, e o que não é, faz parte de um jogo que, quando jogado pelo casal com respeito e vontade de acertar, enriquece a relação.

As dificuldades vividas em casamentos ou recasamentos, com ou sem filhos, nunca se solucionarão sem que as partes planejem e apliquem tudo durante a fase em que estão namorando e investindo no conhecimento mútuo. É a época de desenvolver o relacionamento, de se expor um ao outro. Na maioria dos casos deverá haver algum tipo de renúncia. Sem isso, dificilmente haverá entendimento necessário para que o casal trilhe um caminho de paz, pois o novo casamento é, na realidade, uma mescla de culturas, hábitos e modos adquiridos no casamento anterior — e que, inevitavelmente, são trazidos pelas partes. Se todos os aspectos da relação não forem discutidos e negociados previamente, a bomba explodirá.

Meu conselho

O número de famílias formadas a partir desse novo modelo tem crescido significativamente, seja nas igrejas, seja na sociedade como um todo. Tenho sugerido a pessoas que me procuram e que estão caminhando para a formação de uma família nesses moldes que o tempo de convívio com todas as partes é fundamental. E não apenas tempo cronológico, mas tempo de investimento nesses relacionamentos. O que se opõe a isso é o desejo, às vezes incontido, do novo casal de estar junto. Afinal são pessoas que já experimentaram a vida de casados, que viveram a sua sexualidade de maneira plena, que criaram ou estão criando filhos. Já chegaram à conclusão, nos poucos meses de convívio, de que se amam de verdade e que querem mesmo é viver juntos. São esses e outros mais os argumentos que recebo em meus encontros com casais que têm esse perfil. Minha pergunta para eles é sempre a mesma: e o relacionamento com as outras partes? Os filhos, os sogros, os cunhados e os demais, como vai a relação com eles? Normalmente ainda não foi suficiente, e tudo é muito superficial.

Ao contrário do que se diz, o tempo não cura tudo. Não resolve tudo. Não devemos esperar que o tempo resolva a maioria dos problemas de relacionamento; ele apenas empurra para debaixo do tapete, para aquela área cínica de nossa mente que finge ter passado. E vamos, assim, empurrando engodos de relacionamentos por toda a vida. Mas, nesse caso, é fundamental investir tempo no convívio, para descobrir o outro — e, no caso, os outros. Por isso sugiro estar junto a maior quantidade de tempo possível.

Na minha experiência de pastor e em minha função de conselheiro matrimonial, tenho lidado com esse novo tipo de formato familiar (e matrimonial) e garanto que, quando todos os meandros do relacionamento não são bem resolvidos, torna--se algo até traumático. Não se iluda com o ardor da paixão e o desejo de ficar junto. Tenho visto o sofrimento de casais que, sem a maturidade suficiente, se precipitaram em uniões impensadas. Por isso, meu maior conselho é: invista tempo para conhecer e se deixar conhecer.

Um último conselho nessa área seria no que se refere ao relacionamento com o antigo cônjuge. Somente a maturidade e a segurança de um amor sólido podem dar a essa relação a estabilidade necessária. Um ex-cônjuge não precisa ser necessariamente um adversário, mas também deve ser colocado em seu devido lugar, para não gerar crises de ciúmes no cônjuge atual. Existem certos limites nesse relacionamento que devem ser respeitados, mas, pelo que observo, a postura de uma pessoa resolvida, bem-amada e boa amante é o que mais promove essa estabilidade desejada.

Conclusão

O pressuposto básico de tudo o que abordei neste livro é que o casamento tem sofrido grandes ataques, devido à ausência de conhecimento mútuo das partes envolvidas. Tudo o que narrei e partilhei tem a intenção de levar você à compreensão de que, quando existe distância nos relacionamentos, eles estarão sempre comprometidos. O que aproxima é o entendimento, o diálogo, a percepção do outro e de suas expectativas. Em resumo, é o conhecimento do outro.

O amor que o coração produz não é algo que a razão possa explicar com facilidade. Ao observar o mundo e as pessoas ao redor, perceba que o amor nunca se assemelha a uma equação matemática, não é algo lógico. Como disse Arnaldo Jabor em sua *Crônica do amor*,[1] "Quem dera o amor não fosse um sentimento, mas uma equação matemática: eu linda + você inteligente = dois apaixonados. Não funciona assim". Cheguei à conclusão de que ninguém ama o outro somente pelas qualidades. O amor não é chegado a fazer contas, não obedece à razão. O verdadeiro amor acontece por empatia, por afinidades. Algo que vai além da razão. Mas, por outro lado, isso não significa que a razão não tenha a sua participação nas coisas do coração. A Bíblia nos recomenda cautela e diz que nosso coração é enganoso e se revela com dificuldade: "O coração é mais enganoso que qualquer outra coisa e sua doença é incurável. Quem é capaz de compreendê-lo?" (Jr 17.9).

A dificuldade de se revelar é exatamente o que nos leva a não ver a razão presente sempre nessa área da vida. Qual de nós já não se incomodou com alguém que está namorando ou se relacionando com uma pessoa que não corresponde ao zelo, à dedicação e à paciência que recebe? Com certeza você deve ter dito algo do tipo "como é que ela aguenta isso?". É exatamente aí que as coisas do amor fogem à razão.

O problema vai mais longe. Casais *pré-programados* às vezes parecem ter nascido um para o outro e levam uma vida inteira para descobrir que não era bem assim, que o real desejo era outro, mas se entregam a um pensamento cartesiano, absoluto, lógico e não conseguem aceitar algo que não tenha sido pensado antes como ideal de vida. Pelo que tenho visto, as coisas não são bem assim. Vejo amor surgir entre pessoas muito diferentes, extremamente opostas em diversos aspectos. Vejo esse amor perdurar e se eternizar. Testemunho gente se doar para quem não se doa, dar sem receber, amar sem ter ideia de que seu amor é de fato recíproco. E, acima de tudo, percebo a razão se afastar dos relacionamentos quando enxergo a celebração das diferenças entre os casais. Minha ênfase não está na semelhança, mas na possibilidade de entendimento. Isso desmonta o desejo de ter sempre razão ou de que tudo deva seguir uma razão premeditada. Não, não nas coisas feitas pelo coração humano. Deus nos deu sentimentos e percepções que nos movem, que mexem conosco, sacodem nosso ser e arrepiam a nossa coluna vertebral de baixo a cima — e isso não segue a lógica da razão.

Sempre que alguém desperta em nós um sentimento de atração ou encantamento, temos algumas reações bastante peculiares. Olhos brilhando, coração palpitando, ansiedade aguçada, pensamentos recorrentes das inúmeras possibilidades de encontro, entre outros que podem nos enredar nas teias da paixão. O fato é que uma espécie de arena das expectativas é de imediato armada! Isto é, independentemente de o contato ter ocorrido pessoalmente, por telefone ou pela internet, quando "o alarme soa", todo o nosso corpo reage e toda a nossa mente se prepara para o que pode estar por vir. E, mais do que isso, todo o nosso ser se preenche com fantasias sobre quem é essa pessoa, capaz de nos tirar do eixo e nos levar às nuvens.

A partir daí, até o momento em que realmente começamos a reconhecer esse alguém, com todas as suas qualidades e limitações, começamos a usar as máscaras e a fazer simulações. Não por falsidade, não é ao caráter que me refiro, mas à dinâmica de relacionamento, algo que poderíamos chamar de "dança da conquista". Aqui começa uma jornada equivocada, que foge à razão. Tentamos mostrar o que temos de melhor e, em muitos casos, o melhor que não temos.

No fundo, isso não é mau. Um quer ser gostado, e o outro quer gostar. É justamente essa congruência de desejos que abre espaço para que o amor surja ou não! Mas o que vai se tornar cada vez mais evidente é o que cada um realmente é, com todos os seus méritos e deméritos. E não há nada de mau nisso. Pelo contrário: é somente com essa realidade que podemos nos relacionar de fato! O problema é quando um ou outro exagera na exibição e, na impossibilidade de sustentar tamanha idealização, termina por decepcionar. Ou, ainda, quando um ou outro exagera nas expectativas e, na primeira constatação de limitação, termina decepcionado.

Esse fenômeno foge à razão. Não faz sentido. E, mesmo assim, os casais continuam com essa estratégia de conquista por séculos sem fim. Mas, quando o uso da razão vence e a sinceridade aparece mais do que "o melhor que nós não temos", o que surge diante de nós é um ser de verdade, de carne e osso, com as falhas e as virtudes que levarão alguém a amá-lo de verdade.

Na década de 1980, fiz uma viagem de carro para Salvador (BA). No rádio começou a tocar uma canção longa e num estilo de narrativa que chamou minha atenção. Pela primeira vez eu escutava a canção *Eduardo e Mônica*, do grupo Legião Urbana. Mais que o estilo, chamou minha atenção o que ela narrava. Fiquei curioso e, depois, averiguando com mais cuidado, percebi que falava de um relacionamento entre dois jovens muito diferentes, mas que, por alguma razão, deu certo. Sou bastante ortodoxo nas minhas convicções e, quando se trata da minha fé, essa ortodoxia me ajuda a não abrir mão de meus conceitos e em momento algum negociar meus princípios éticos e morais — não faço concessões. Existe, sim, o santo e o profano numa dimensão muito mais profunda do que muitos pensam e até defendem. No entanto, vejo no mundo talentos, que, sem a presença de Deus e do Espírito Santo, nunca se tornaram dons, porque não se permitiram conhecer a graça salvadora de Jesus Cristo.

No mundo das artes percebo isso ainda com mais intensidade. Vejo compositores, artistas plásticos e poetas que, numa inspiração aparentemente divina, por meio da graça comum, expressam apenas resquícios de uma criatura, que agora decaída, um dia foi concebida à imagem e semelhança de Deus em sua inteligência, percepção do mundo e na expressão de ideias e ideais — mas que não alcançam a plenitude devido a sua distância, muitas vezes voluntária, do propósito de Deus. Esses talentos, em minha opinião, perdem-se por não estarem em união plena, por meio de Jesus Cristo, com o Criador de todas as coisas. Exemplos de pessoas assim preencheriam muitas estantes das bibliotecas, paredes de museus, exposições e arquivos.

Incluo o grupo que citei nessa legião de pessoas que, mesmo com a vida distante do que creio ser a verdade, conseguem expressar na sua poesia pensamentos lógicos e coerentes. A canção abaixo pode nos ajudar na compreensão das nuanças do coração humano, especialmente naquilo que tenho insistido neste livro: a possibilidade de entendimento a partir da conversa e do interesse pelas coisas e pelos sentimentos do outro. Ao prestar atenção à história narrada nessa música, tente perceber onde estão os pontos nevrálgicos do entendimento entre os protagonistas, que fugiram da razão e da lógica. Uma análise simplória diria apenas que foi o amor que os manteve unidos. Sim, claro, foi o amor, mas procure ver onde estão os aspectos importantes que os levaram ao entendimento.

> Quem um dia irá dizer que existe razão
> Nas coisas feitas pelo coração? E quem irá dizer
> Que não existe razão?
>
> Eduardo abriu os olhos, mas não quis se levantar
> Ficou deitado e viu que horas eram
> Enquanto Mônica tomava um conhaque
> Noutro canto da cidade
> Como eles disseram
>
> Eduardo e Mônica um dia se encontraram sem querer
> E conversaram muito mesmo pra tentar se conhecer
> Foi um carinha do cursinho do Eduardo que disse
> — Tem uma festa legal e a gente quer se divertir
> Festa estranha, com gente esquisita
> — Eu não estou legal, não aguento mais birita
> E a Mônica riu e quis saber um pouco mais
> Sobre o boyzinho que tentava impressionar
> E o Eduardo, meio tonto, só pensava em ir pra casa
> — É quase duas, eu vou me ferrar

Eduardo e Mônica trocaram telefone
Depois telefonaram e decidiram se encontrar
O Eduardo sugeriu uma lanchonete
Mas a Mônica queria ver o filme do Godard
Se encontraram então no parque da cidade
A Mônica de moto e o Eduardo de camelo
O Eduardo achou estranho e melhor não comentar
Mas a menina tinha tinta no cabelo

Eduardo e Mônica eram nada parecidos
Ela era de Leão e ele tinha dezesseis
Ela fazia medicina e falava alemão
E ele ainda nas aulinhas de inglês
Ela gostava do Bandeira e do Bauhaus
De Van Gogh e dos Mutantes
Do Caetano e de Rimbaud
E o Eduardo gostava de novela
E jogava futebol de botão com seu avô
Ela falava coisas sobre o Planalto Central
Também magia e meditação
E o Eduardo ainda estava
No esquema "escola, cinema, clube, televisão"

E, mesmo com tudo diferente
Veio mesmo, de repente
Uma vontade de se ver
E os dois se encontravam todo dia
E a vontade crescia
Como tinha de ser

Eduardo e Mônica fizeram natação, fotografia
Teatro e artesanato e foram viajar
A Mônica explicava pro Eduardo
Coisas sobre o céu, a terra, a água e o ar

Ele aprendeu a beber, deixou o cabelo crescer
E decidiu trabalhar
E ela se formou no mesmo mês
Em que ele passou no vestibular
E os dois comemoraram juntos
E também brigaram juntos, muitas vezes depois
E todo mundo diz que ele completa ela e vice-versa
Que nem feijão com arroz

Construíram uma casa uns dois anos atrás
Mais ou menos quando os gêmeos vieram
Batalharam grana e seguraram legal
A barra mais pesada que tiveram

Eduardo e Mônica voltaram pra Brasília
E a nossa amizade dá saudade no verão
Só que nessas férias não vão viajar
Porque o filhinho do Eduardo
Tá de recuperação

E quem um dia irá dizer que existe razão
Nas coisas feitas pelo coração? E quem irá dizer
Que não existe razão?

O centro dessa história e do bem-sucedido relacionamento dos protagonistas, apesar das enormes diferenças, está exatamente no desejo de ambos de se conhecerem mais. Observo algumas atitudes que precisam estar presentes em todo e qualquer relacionamento, em especial a crescente busca por conhecer o outro: eles "conversaram muito mesmo pra tentar se conhecer". Essa história não é diferente de muitas outras. Você, que está em busca de um relacionamento saudável, não deve pensar em um perfeito. Não cogite essa possibilidade, porque ela inexiste. Relacionamentos humanos são imperfeitos, porque ocorrem entre seres imperfeitos. Não poderia ser diferente.

Existe dentro de nós, porém, a razão dada pelo Criador, que nos leva a buscar o ideal para nossa vida. Esse ideal está vinculado ao esforço pelo entendimento. Casais que assim desenvolvem sua relação saem à frente no que tange às possibilidades de desenvolver um casamento abençoado e edificar uma família estruturada. O entendimento vem a partir de diálogo, troca de ideias, pensamentos, compreensão do outro e de sua realidade. Isso, além de procurar enxergar o outro dentro do contexto dele(a) e nunca apenas de uma perspectiva pessoal que será sempre limitada. Diferenças não devem ser necessariamente um empecilho para um bom relacionamento, mas a falta de compreensão será sempre. E isso não quer dizer que suas férias jamais serão interrompidas pelas provas de recuperação de seus filhos... Mas sua família pode ser feliz mesmo assim.

Meu conselho final

Entreguem-se ao diálogo e à boa conversa, pois não há relacionamento que sobreviva ao silêncio das partes. Invistam seu tempo em construir uma relação de transparência em que o entendimento venha não por concessões permanentes e tantas vezes unilaterais, mas pelo uso da razão e da compreensão do mundo do outro. Assim, será possível edificar futuras famílias, que darão suporte a uma sociedade mais estável, justa e fraterna, onde o amor e a compreensão possam reinar.

Desenvolvam uma espiritualidade sadia, busquem juntos a vontade de Deus para a família, e vejam o namoro e o noivado como um período de investimento no futuro — muito mais que de entretenimento. Para isso, leiam bons livros que falem sobre relacionamentos. Quando uma das partes estiver sentindo dificuldades, busque ajuda, não assuma que sabe para onde isso vai ou que sabe como administrar os problemas. Existem pessoas mais experientes que podem ajudar nessa área. Pastores, conselheiros matrimoniais e outros profissionais. Mas nunca desista de levar adiante o plano de estabelecer uma família, a não ser que exista um chamado claro de Deus para o seu celibato.

A família é o maior projeto de Deus. Ele poderia ter começado tudo de outra forma, ter mudado o mundo de outra forma. Mas o Senhor, em todo o caso, escolheu iniciar seu plano por uma unidade familiar. Adão e Eva começaram a povoar o planeta com uma unidade familiar. Dali veio o conselho "o homem deixará pai e mãe e se unirá à sua mulher, e eles se tornarão uma só carne" (Gn 2.24) e, com isso, lançaram as bases para o casamento — que são seguidas até hoje, mesmo por aqueles que não creem necessariamente na inspiração da Bíblia.

O ser humano desviou-se e se afastou dos propósitos de Deus e, mais uma vez, o Senhor reiniciou seu plano por intermédio da família piedosa de um homem crente e destemido chamado Noé. Mais adiante, fez surgir uma nação santa usando novamente uma família, a de um servo fiel chamado Abraão, que, com sua esposa Sara, deu origem ao povo que Deus escolheu para protagonizar seu maravilhoso plano de salvação do ser humano. Se não fosse o conceito de família e a força que este tem, José, o filho de Jacó, não teria resgatado e salvado sua família da fome e da provável extinção, o que acarretaria a interrupção do processo da vinda do Messias esperado, Jesus Cristo. Mesmo com todos os seus equívocos, foi Davi, o grande rei de Israel, quem gerou Salomão, o mais sábio de todos os homens. Por fim, o Salvador não veio em um cavalo alado, descendo das nuvens, mas surgiu no seio da humilde família de José e Maria e dentro de um contexto social jamais esperado pelos judeus. Tudo isso deixa claro que o ponto de partida de Deus é a família e por isso devemos ter extremo cuidado com a formação desse ente social, que é a base da sociedade em todos os tempos.

Invista na relação familiar e na formação de sua futura família. Use os instrumentos disponíveis para edificar um núcleo equilibrado, que seja mais um instrumento nas mãos de Deus. Se entendermos o conceito de sacramento como um sinal visível de Deus, a partir de uma graça invisível, podemos afirmar que a família é um sacramento divino em sua função: comunicar graça ao mundo e estabelecer uma sociedade fraterna, onde o amor e a compreensão sejam os padrões desejados por todos.

Por essas razões, alerto para que cada um que deseja construir uma família comece pelo diálogo e pelo conhecimento do outro. Caso contrário, o Paradoxo de Abilene poderá se tornar uma realidade dentro do seu núcleo familiar, o que o fará viver na superficialidade e com laços de comunicação frágeis e incertos. Isso nenhum de nós deseja, e essa está longe de ser a vontade de Deus — o autor dessa fantástica ideia chamada família.

Apêndice
Livros e filmes recomendados

Livros

As 5 linguagens do amor — Gary Chapman (Mundo Cristão)
Como lidar com a sogra — Gary Chapman (Mundo Cristão)
Uma bênção chamada sexo — Robinson Cavalcanti (GW Editora)
Quando o vínculo se rompe — Esly Regina Carvalho (Ultimato)
Falar e ouvir — Emerson Eggerichs (Mundo Cristão)
Amor e respeito — Emerson Eggerichs (Mundo Cristão)
Os meus, os teus, os nossos — Gladis Brun (Larousse Brasil)
O livreiro de Cabul — Asne Seierstad (Record)

Filmes

A história de nós dois — com Bruce Willis e Michelle Pfeiffer
Os meus, os seus e os nossos — com Dennis Quaid e Rene Russo
O casamento grego — com Nia Vardalos e John Corbett

Bibliografia

BAUMAN, Zygmunt. *Vida líquida*. Rio de Janeiro: Zahar, 2007.
BRUN, Gladis. *Os meus, os teus, os nossos*. São Paulo: Larousse Brasil, 2010.
CARVALHO, Esly Regina. *Quando o vínculo se rompe*. Viçosa: Ultimato, 2000.
CAVALCANTI, Edward Robinson de Barros. *Uma bênção chamada sexo*. São Paulo: GW Editora, 2005
CHAPMAN, Gary. *Amor & lucro*. São Paulo: Mundo Cristão, 2010.
_____. *As 5 linguagens do amor*. 3. ed. São Paulo: Mundo Cristão, 2013.
_____. *Como lidar com a sogra, e sogro, cunhados, genros, noras*. São Paulo: Mundo Cristão, 2009.
EGGERICHS, Emerson. *Amor e respeito*. São Paulo: Mundo Cristão, 2008.
_____. *Falar e ouvir*. São Paulo: Mundo Cristão, 2009.
LEE, Nick; LEE, Sila. *The Marriage Book*. Londres: Alpha International Publication, 2002.
STORKEY, Alan. *Marriage and Its Modern Crisis*. Londres: Hodder & Stoughton Religious, 1996.

Referências bibliográficas

Introdução

[1]Disponível em: <http://homememulheroscriou.blogspot.com.br/2010_03_01_archive.html>. Acesso em: 17/10/2012.

[2]*Declaração universal dos direitos humanos*, artigo 16, § 3. Disponível em: <http://unicrio.org.br/img/DeclU_D_HumanosVersoInternet.pdf>. Acesso em: 17/10/2012.

[3]Disponível em: <http://www.quadrante.com.br/artigos_detalhes.asp?id=271&cat=8&pagina=2>. Acesso em: 17/10/2012.

[4]Disponível em: <http://www.citador.pt/frases/toda-a-verdadeira-vida-e-encontro-martin-buber-2596>. Acesso em: 17/10/2012.

[5]Disponível em: <http://www.rmastudies.org.nz/documents/Abile-neParadoxJerryHarvey.pdf>. Acesso em: 08/11/2013.

[6]Disponível em: <http://www.ibge.gov.br/home/estatistica/populacao/registrocivil/2007/defaulttab.shtm>. Acesso em: 04/09/2013.

[7]BAUMAN, Zygmunt. *Vida líquida*. Rio de Janeiro: Zahar, 2007.

1. Paixão x amor

[1]Disponível em: <http://pt.wikipedia.org/wiki/Amor_plat%C3%B4nico>. Acesso em: 18/10/2012.

[2]HUNTER, James. *O monge e o executivo*. Rio de Janeiro: Sextante, 2004.

[3]Disponível em: <http://r7.parperfeito.com.br/Artigos/opshow/articleid722/p-1/f-1/n-1/?orig=1465>. Acesso em: 19/10/2012.

[4]LINS, Ivan; SOUZA, Ronaldo Monteiro de. *Paixão Passione*. Em: GULIN, Thaís. ôÔÔôôÔôÔ. Rio de Janeiro: Furgulixx, 2011. 1 CD. Faixa 13.

2. Gosto se discute ou não?
[1]Disponível em: <http://www.jvanguarda.com.br>. Acesso em: 19/06/2008.
[2]CLOUD, Henry; TOWNSEND, John. *Limites*. São Paulo: Vida, 1999.

3. Dinheiro é uma questão de foro íntimo?
[1]Disponível em: <http://www.h2r.com.br/content.asp?idSecao=2&idSubSecao=17>. Acesso em: 04/09/2012.
[2]Disponível em: <http://www.pewsocialtrends.org/2011/11/22/cohabiting-couples-and-their-money/>. Acesso em: 04/09/2013.
[3]CHAPMAN, Gary. *Amor e lucro*. São Paulo: Mundo Cristão, 2010.

4. "Dize-me com quem andas e te direi quem és" — Você me dirá mesmo?
[1]LEE, Nicky; LEE, Sila. *O livro do casamento*. Curitiba: Encontro Publicações, 2009.

5. Uma boa palmada não mata, não é?
[1]Disponível em: <http://www.ibge.gov.br/home/mapa_site/mapa_site.php#populacao>. Acesso em: 07/10/2013.
[2] Disponível em: <http://www.fabioscalabrin.com/2009/08/o-preco-de-um-filho.html>. Acesso em: 07/10/2013.
[3]TRIPP, Ted. *Pastoreando o coração da criança*. São José dos Campos: Fiel, 1998.
[4]LaHAYE, Tim; LaHAYE, Beverly. *O ato conjugal*. Belo Horizonte: Betânia, 1989.
[5]KEMP, Jaime. *Eu amo você — Namoro, noivado, casamento e sexo*. São Paulo: Hagnos, 2005.
[6]DIAS, Denise. *Tapa na bunda*. São Paulo: Matrix, 2010.
[7]Disponível em: <http://gazetaonline.globo.com/_conteudo/2011/10/noticias/a_gazeta/dia_a_dia/986410-denise-dias-sem-impor-limites-aos-filhos-pais-estao-criando-monstros-em-casa.html>. Acesso em: 04/09/2013.
[8]BETTELHEIM, Bruno. *Uma vida para o seu filho*. Rio de Janeiro: Campus, 1988.

6. Mentira tem pernas curtas, mas até onde ela consegue andar?

[1]Disponível em: <http://www.esextante.com.br/publique/cgi/cgilua.exe/sys/start.htm?infoid=884&sid=5>. Acesso em: 07/10/2013.

7. Minha fé é algo pessoal. Isso pesa?

[1]CAVALCANTI, Edward Robinson de Barros. *Uma bênção chamada sexo*. São Paulo: GW Editora, 2005.

8. Eu tenho planos, e você?

[1]GRZYBOWSKY, Carlos. Você conhece o amor? *Ultimato*, Viçosa, n. 331, p. 41, 2011.

9. Falamos a mesma língua?

[1]CHAPMAN, Gary. *As 5 linguagens do amor*. 3. ed. São Paulo: Mundo Cristão, 2013.

10. Sexo é bom, e eu gosto, mas até onde posso?

[1]FOSTER, Richard. *Dinheiro, sexo e poder*. São Paulo: Mundo Cristão, 2005.

[2] MASON, Mike. *O mistério do casamento*. São Paulo: Mundo Cristão, 2005.

[3] CHAPMAN, Gary. *O que não me contaram sobre casamento mas que você precisa saber*. São Paulo: Mundo Cristão, 2011.

[4] RIENECKER, Fritz; ROGERS, Cleon. *Chave linguística do Novo Testamento grego*. São Paulo: Vida Nova, 1985. p. 299.

[5] VINCENT, Marvin. *Vincent's Word Studies in The New Testament*. Peabody: Hendrickson Publishers, 1887.

[6] Da Redação. No Tempo Certo. *Cristianismo Hoje*, Niterói, n. 24, p. 21, 2011.

11. Deixa assim. Depois do casamento não vai mudar?

[1]EGGERICHS, Emerson. *Amor e respeito*. São Paulo: Mundo Cristão, 2008.

12. "Até que a morte nos separe." É para valer?

[1]CARVALHO, Esly Regina. *Quando o vínculo se rompe*. Viçosa: Ultimato, 2000.

13. É possível viver relacionamentos virtuais?

[1]Disponível em: <http://exameinformatica.sapo.pt/noticias/internet/2009-12-22-facebook-culpado-de-20-de-divorcios>. Acesso em: 04/09/2013.

[2]Disponível em: <http://g1.globo.com/economia/negocios/noticia/2011/08/sites-para-casos-e-traicao-investem-no-pais-e-ja-reunem-mais-de-370-mil.html>. Acesso em: 04/09/2013.

14. "Eu prometo!" Prometo mesmo?

[1]Rito encontrado no *Livro de oração comum*, da Igreja Episcopal Anglicana do Brasil.

[2]Disponível em: <http://www.significados.com.br/uma-alianca/>. Acesso em: 10/10/2013.

15. Cultura faz alguma diferença?

[1]Comunidade onde famílias vivem em um sistema socialista de cunho agroindustrial. Existe exclusivamente em Israel.

[2]Disponível em: <http://cuidadointegral.info/?p=181>. Acesso em: 07/10/2013.

[3]SEIERSTAD, Asne. *O livreiro de Cabul*. Rio de Janeiro: Record, 2006.

16. Os meus, os teus... Serão eles os nossos?

[1]BRUN, Gladis. *Os meus, os teus, os nossos*. São Paulo: Larousse Brasil, 1999, p. 15-16.

Conclusão

[1]Disponível em: <http://www.mensagenscomamor.com/diversas/cronicas_arnaldo_jabor.htm>. Acesso em: 07/10/2013.

Sobre o autor

Miguel Uchôa Cavalcanti é bispo anglicano da Diocese do Recife (PE) e reitor da Paróquia Anglicana Espírito Santo (PAES), na cidade de Jaboatão dos Guararapes, região metropolitana do Recife, desde 1996, quando a fundou. Bacharel em Teologia com pós-graduação pelo Seminário Teológico Batista do Norte. Engenheiro de Pesca com especialização em Israel, China e Brasil. É casado com Valéria e pai de Gabriel e Matheus.

Compartilhe suas impressões de leitura escrevendo para:
opiniao-do-leitor@mundocristao.com.br
Acesse nosso *site:* www.mundocristao.com.br.

Diagramação: Luciana Di Iorio
Preparação Patrícia Almeida
Revisão: Josemar de Souza Pinto
Gráfica: Imprensa da Fé
Fonte: Adobe Caslon Pro
Papel: Pólen Soft 70 g/m^2 (miolo)
Cartão 250 g/m^2 (capa)